谭祖雪 张江龙 著

断裂与更生：社会工作视域中的刑满释放人员社会适应研究

 四川大学出版社

项目策划：蒋姗姗
责任编辑：蒋姗姗
责任校对：罗　丹
封面设计：墨创文化
责任印制：王　炜

图书在版编目（CIP）数据

断裂与更生：社会工作视域中的刑满释放人员社会适应研究 / 谭祖雪，张江龙著. 一 成都：四川大学出版社，2019.11
ISBN 978-7-5690-3232-1

Ⅰ. ①断… Ⅱ. ①谭… ②张… Ⅲ. ①刑满释放人员－社会生活－适应能力－研究－中国 Ⅳ. ①D669

中国版本图书馆 CIP 数据核字（2019）第 278358 号

书　名	断裂与更生：社会工作视域中的刑满释放人员社会适应研究	
著　者	谭祖雪　张江龙	
出　版	四川大学出版社	
地　址	成都市一环路南一段 24 号（610065）	
发　行	四川大学出版社	
书　号	ISBN 978-7-5690-3232-1	
印前制作	四川胜翔数码印务设计有限公司	
印　刷	四川五洲彩印有限责任公司	
成品尺寸	148mm×210mm	
印　张	6.25	
字　数	166 千字	
版　次	2020 年 5 月第 1 版	
印　次	2020 年 5 月第 1 次印刷	
定　价	32.00 元	

扫码加入读者圈

◆ 版权所有 ◆ 侵权必究

◆ 读者邮购本书，请与本社发行科联系。
　电话：(028)85408408／(028)85401670／(028)86408023　邮政编码：610065
◆ 本社图书如有印装质量问题，请寄回出版社调换。
◆ 网址：http://press.scu.edu.cn

四川大学出版社
微信公众号

目 录

第一章 绪论……………………………………（001）
  第一节 研究的政策与现实背景………………（001）
  第二节 研究目的、意义与文献综述…………（007）
  第三节 研究思路及方法………………………（022）
第二章 社会工作视域下刑满释放人员社会适应的专业意涵
  ……………………………………………………（030）
  第一节 视角梳理：作为"状态、过程、能力"的社会
        适应………………………………………（031）
  第二节 刑满释放人员社会适应的社会工作解读………（043）
  第三节 内涵与外延：刑满释放人员社会适应的社会工作
        意涵………………………………………（059）
第三章 刑满释放人员社会适应的现状及困境…………（064）
  第一节 自我边缘和认知固化：刑满释放人员的身份适应
        ……………………………………………（064）
  第二节 多重矛盾的家庭系统：刑满释放人员的家庭适应
        ……………………………………………（071）
  第三节 能力"中断"与环境隔离：刑满释放人员的职业
        适应………………………………………（078）
  第四节 参与受阻和交往缺失：刑满释放人员的社会交往
        适应………………………………………（084）

第四章　刑满释放人员社会适应不良原因的社会工作解读……（090）

第一节　刑满释放人员社会适应不良的生态系统原因分析……（090）
第二节　刑满释放人员社会适应不良的生命历程原因分析……（106）
第三节　问题视角抑或优势视角……（112）

第五章　推进刑满释放人员社会适应的社会工作视域……（118）

第一节　推进刑满释放人员社会适应工作的基本理念……（118）
第二节　重视系统重构，提供多元服务推进刑满释放人员的社会适应……（135）
第三节　强调生命轨迹，开展精准服务推进刑满释放人员的社会适应……（141）

第六章　刑满释放人员社会适应社会工作的实务框架……（146）

第一节　刑满释放人员社会适应的需求分析……（146）
第二节　刑满释放人员社会适应社会工作的实务内容……（152）
第三节　刑满释放人员社会适应社会工作的主要方法……（158）

第七章　结论与讨论……（168）

第一节　研究的主要结论……（169）
第二节　刑满释放人员社会适应工作的思考与讨论……（172）
第三节　研究的不足及今后有待研究的问题……（177）

参考文献……（179）
后　记……（192）

第一章 绪论

第一节 研究的政策与现实背景

在当代社会,刑满释放人员的社会权利日益受到人们的关注与重视,这一类群体特殊性很强,不仅因为其曾经给社会或其他成员造成过伤害,更因为他们在出狱后要面临社会适应问题。其特殊性不仅体现在弱势性方面,也体现在风险性方面[①],双重的社会特性使其社会适应更加复杂和艰难。尽管如此,由于刑满释放人员数量庞大和再犯罪的可能性极大,对其社会适应问题必须给予高度重视。自2005年起,中国每年新增刑满释放人员均在30万人以上[②],这些人必然面临适应新生活的需要,回应这一需要既是全社会的责任,更是以助人为目的的专业社会工作者的责任。无论是政策还是实践,致力于刑满释放人员社会适应的社会工作都得到了发展。2016年,在司法部颁布的《关于社会组织参与帮教刑满释放人员的工作意见》中,明确了专业社会工作参与帮教的主要任务,提出了开展社会适应性帮扶的主要内容。在

---

① 乐章,肖荣荣. 刑满释放人员的社会保障权益维护研究 [J]. 社会保障研究,2015 (3):55—58.

② 许玉镇,孙超群. 论烙印群体及其就业帮扶政策困境——以我国刑满释放人员为例 [J]. 社会科学研究,2018 (4):46—53.

实践中，刑满释放人员的社会适应服务逐渐被纳入社会工作服务体系，成为司法社会工作的重要内容。在社会工作视域下探讨刑满释放人员的社会适应问题，具有重要的理论和现实意义。

一、我国刑满释放人员安置帮扶政策的发展脉络

我国政府历来重视刑释人员回归社会的帮扶工作，尤其表现在改革开放以后。早在1981年9月，第八次全国劳改工作会议就提出，"决定今后犯人刑满释放，一般不予留场就业，均应放回捕前所在地或直系亲属所在地，于当地公安机关落户，原工作单位、当地劳动部门、街道或社队负责安置就业。对那些有技术、本人愿意、劳改单位又需要的，可以作为社会就业，由劳改单位录用为正式职工"[①]。至此，刑满释放人员安置与监狱工作基本脱离，采用多部门分工协作模式进行[②]，我国刑满释放人员的安置工作开始进入一个新的时期，即基本上由社会安置就业的时期。1983年5月，公安部、劳动人事部、农牧渔业部、教育部、商业部发出《关于犯人刑满释放后落户和安置就业的联合通知》，继续细化了刑满释放人员落户及安置的不同情况。1984年7月，国务院办公厅发出《关于做好犯人刑满释放后落户和安置工作的通知》，明确了政府在帮扶工作中的具体任务，对刑满释放人员和被清理遣返的留场就业人员的安置落户、口粮、就业以及青少年的就学等问题做了比较明确的规定。

1994年2月，中央社会治安综合治理委员会、公安部、司法部等六个部门联合下发了《关于进一步加强刑满释放、解除劳

---

① 吴鹏森. 新中国刑释人员社会政策的历史演变[J]. 学术月刊，2016（7）：99-108.

② 任希全. 新时期刑释人员的社会保护[J]. 中国青年政治学院学报，2012（6）：89-93.

教人员安置和帮教工作的意见》，引入了社会力量对特定对象进行一种非强制性的引导、扶助、教育、管理的概念与思路。同年12月，《中华人民共和国监狱法》由第八届全国人民代表大会常务委员会第十一次会议通过，明确规定：对刑满释放人员，当地人民政府要帮助其安置生活；刑满释放人员丧失劳动能力又无法定赡养人、抚养人和基本生活来源的，由当地人民政府予以救济；刑满释放人员依法享有与其他公民平等的权利①。这也意味着在法律层面对刑满释放人员的社会保护提供保障，为帮扶安置工作提供了法律依据，安置帮扶工作也逐渐实现了从"以行政手段为主，向以法律手段、经济手段为主"和"以部门行为为主逐步转变到以政府行为、社会行为为主"的转变②。2004年中央治安综合治理委员会颁发《关于进一步做好刑满释放、解除劳教人员促进就业和社会保障工作的意见》，明确界定了相关部门在推动刑满释放人员就业中的保护政策；2010年中央社会治安综合治理委员会颁发了《关于进一步加强刑满释放解除劳教人员安置帮教工作的意见》，提出各级政府以及各类社会组织要发展并完善管控、安置、帮教等措施；2011年胡锦涛同志在强调社会管理创新时提出要"完善特殊人群的管理和服务政策"。

党的十八大以来，以习近平同志为核心的党中央更是把"全面依法治国"提到国家发展的战略布局高度上，强调要把政法综治工作放在全面推进依法治国大局中谋划。在十八届三中全会通过的《中共中央关于全面深化改革若干重大问题的决定》中提出，要"健全社区矫正制度"③。2014年4月，习近平总书记在听取了司法部的相关工作汇报之后明确指出，社区矫正试点已全

---

① 中华人民共和国监狱法[Z]. 1994年12月29日.
② 单亚男. 论我国刑满释放人员的社会保护[D]. 中国政法大学，2003.
③ 中共中央关于全面深化改革若干重大问题的决定[Z]. 2013年11月15日.

面展开，我们将面临各种层出不穷的新问题，要持续跟踪完善矫正制度，加强机构与队伍的建设，不断提高社区矫正的工作水平。同年8月，最高人民法院、最高人民检察院、公安部、司法部出台《关于全面推进社区矫正工作的意见》，指出"必须坚持统筹协调，充分发挥各部门的职能作用，广泛动员社会力量参与社区矫正工作，为社区服刑人员顺利回归社会创造条件"①。2016年司法部、中央综治办、民政部和财政部联合印发《关于社会组织参与帮教刑满释放人员工作的意见》，鼓励具有相关专业背景的社会力量参与刑满释放人员帮扶工作，针对服刑人员具体情况进行心理与思想健康教育，协助解决就业问题，明确提出社会组织可以开展包括人际关系指导、社区公益活动等社会适应性教育和训练②。

可以看出，刑满释放人员的社会保护政策已经成为我国社会政策中的重要内容，专业性社会工作已经成为刑满释放人员社会适应工作中的重要力量，如何在现有政策的支持下更加深入地介入其中，是社会工作者要思考的重要议题。

二、刑满释放人员社会适应帮扶工作实践的发展

在刑满释放人员社会适应帮扶工作的实践层面，各国的保护机构设置、人员配备、经费来源不尽相同，就社会力量参与方面来说，很多国家建立了"中途之家"，作为刑满释放人员出狱后重新融入社会的一个过渡机构，刑满释放人员通过在"中途之

---

① 最高人民法院、最高人民检察院、公安部、司法部.关于全面推进社区矫正工作的意见［Z］.2014年8月28日.

② 司法部、中央综治办、民政部、财政部.关于社会组织参与帮教刑满释放人员工作的意见［Z］.2016年12月.

家"接受再社会化和技能培训从而重新融入社会①。"中途之家"有专门的社会工作者为刑满释放人员提供相应的帮助，包括心理咨询、技能培训、就业咨询、过渡性安置等，并且帮助他们寻找新的工作，为他们的生活提供最基本的保障。"中途之家"是刑满释放人员在监狱和社会之间的一个中转站，其通过在"中途之家"的学习适应等，提升自身的能力，并重新融入社会②。

在我国，早在2003年9月由刑满释放人员王金云在深圳创办成立的阳光下之家社会帮教服务中心，就专注于为更生人士（监狱服刑、社区矫正、刑满释放等人员）提供心理疏导、就业帮扶、创业帮扶、法律咨询和权益维护等服务。这一国内首个更生人士矫正服务中心，开启了社会组织（社会企业）介入刑满释放人员社会适应性服务的序幕，之后，其他地区的帮教服务分站相继成立。2005年11月，阳光下之家深圳市第一劳教所帮教站成立；2007年12月，阳光下之家武江监狱帮教站成立；2012年3月，阳光下之家更生人士（宝安）安置帮教基地成立③。

随着社会工作专业的不断发展，刑满释放人员的再社会化服务逐渐纳入司法社会工作的行列。2004年1月，由上海市司法局担任主管单位的新航社区服务总站正式成立，成为全国最早从事矫正对象与刑满释放人员社会工作服务的社会组织，专门为刑满释放人员提供专业化的帮教服务④。2008年，北京市朝阳区在借鉴国外经验的基础上，成立了阳光中途之家，致力于社区矫正

---

① 马志强. 论中途之家的本土形态 [J]. 山西财经大学学报，2012（S3）：296.

② 杨宁. 社会工作介入刑满释放人员社会融入问题研究 [D]. 长春工业大学，2014.

③ 綦伟. "阳光下之家"：劝导失足者奔向光明 [N]. 深圳特区报，2012-10-10（A07）.

④ 王玮玮. "无缝衔接"精准帮扶刑满释放人员 [J]. 中国社会工作，2018（15）：53.

模式的探索，它是提高刑满释放人员环境适应能力的一种过渡性住宿式社区矫正机构，随后在北京乃至全国推广。如今，北京市按照"一区县一家"格局建设的"阳光中途之家"体系已经形成。2010年6月，广州市荔湾区友善社会服务中心成立，成为广州市首家专门从事社区矫正和安置帮教社会工作服务的非营利机构。自成立以来，服务中心以专业的手法进行介入，在促进社区接纳社区服刑人员和刑满释放人员、维护社区和谐稳定方面取得了较大成效。

刑满释放人员服务也逐渐被纳入政府购买社会服务序列。自2013年以来，广西司法厅、共青团广西壮族自治区区委连续组织开展了5次"青年志愿者彩虹桥行动"，招募一万名大学生利用寒假为刑满释放人员提供公益服务。"青年志愿者彩虹桥行动"以"三个共同"构建服务新平台、"三个加强"增强服务新力量、"三个探索"提高服务新成效，取得了良好的社会反响，为广西司法社会工作探索提供了新途径[①]。又如2015年成都市民政局组织申报的社会工作服务示范项目通知中，第四类示范项目支持范围就包括刑满释放人员的服务。2017年年初，江苏省司法厅通过与东南大学"政学研"合作，推动理论研究和实践创新。通过试点研究，进一步健全了矫正制度与方向，形成了以四大修复机制（被害人与社区修复、犯罪人修复、规范修复和社会关系修复机制）为基础的社区矫正损害修复五大成果库（样本案例库、评估指标库、修复方案库、规范汇编库、循证数据库），构建江苏特色的社区矫正损害修复模式，为实现预防和减少再犯罪、维护社会和谐稳定提供了借鉴。

针对刑满释放人员的服务已经成为社会服务的重要方面，社

---

① 梁和民，宋彬. 携手共建"彩虹桥"——广西以"青年志愿者彩虹桥行动"创新推动安置帮教工作 [J]. 人民调解，2016（6）：38-39.

会工作亦成为为刑满释放人员服务的重要力量。即便如此，社会工作介入刑满释放人员服务仍处于不断的探索实践中，虽然已经积累了一些经验，形成了一些做法，但是更多仅局限于具体操作层面，鲜有文献追根溯源地对刑满释放人员的社会工作服务做系统、深入和详细的论述。本研究就是在社会工作学科视角背景下，对刑满释放人员社会适应进行再解读，对当前社会适应服务进行再梳理，以期形成蕴含专业价值，凸显专业视角，体现专业方法的刑满释放人员社会适应的社会工作介入策略与路径。

第二节　研究目的、意义与文献综述

一、研究目的及意义

本研究旨在通过对现有研究和实践的共同考察，在社会工作框架范围内讨论刑满释放人员的社会适应问题。运用社会工作理论研究刑满释放人员的社会融入问题是具有理论和实际意义的。一方面，通过研究可以深化对刑满释放人员社会工作干预理论的研究，拓宽社会融入理论的研究范围，为创新社会治理体制提供更宽广的理论支持；另一方面，通过研究可以探究出刑满释放人员社会融入困难的深层次原因，有助于解决刑满释放人员的社会融入困难问题，有利于实现社会的稳定。

本研究采用"人在环境中"的基本视角，认为人是一个系统的存在，要理解和研究一个个体，必须将之放置于其所处的社会环境中，这些环境包括他的家庭、同辈群体、学校、社区和工作单位，乃至其所处的文化制度环境等，并要重视个体的环境与所处社会环境各要素之间的互动。个体的行动既受制于个体环境本身，同时更有赖于个体环境与社会环境的互动，正因为如此，考察一个个体行为，既要从共时角度考察其所处的社会环境，也要从历时角度考察其个体环境，本研究同时引入生命历程和生态系统理论去分析和诠释刑满释放人员社会适应的过程。生命历程理论旨在探索社会时间和历史进程对个体生命历程的影响，重视时间、生活事件对个体生命轨迹的影响[①]，它将个体的生命历程理解为一个由多个生命事件构成的序列，即使是完全相同的一组生命事件，只要排序不同，对一个人的一生也会产生截然不同的影响。生态系统理论是社会工作领域中一个重要的实务理论，它基于一般系统理论发展而来，为回应社会工作领域中"社会"的缺失，尤其关注个人与环境的互动。生态系统理论具有综融式特点，它与自我心理学、赋权理论、社会资本理论、社会支持理论、社会排斥理论都有很大关联性，并能有效融合这些理论的部分观点和元素[②]。本研究综合生态系统和生命历程两大理论，采取共时与历时的取向对刑满释放人员的社会适应状态进行深入分析，并提出推进刑满释放人员社会适应的策略和路径，对理论的丰富和现实的应用具有重要的指导意义和参考价值，具体如下：

第一，对刑满释放人员社会工作实践进行系统综合性考察，从社会工作学科的角度分析和理解实践，总结经验，并"抽离"于实践，形成对刑满释放人员社会适应的社会工作理论解释，充实司法社会工作理论，推进司法社会工作的本土化进程。

第二，运用专业视角，采用生命历程和生态系统理论阐释刑满释放人员的适应过程，帮助人们更清楚地认识刑满释放人员在社会适应过程中与社会系统互动的关系，这种关系既包括作为"转折点"的犯罪所引起的狱前、狱中、狱后各种环境的纵向互

---

① 江立华,袁校卫.生命历程理论的知识传统与话语体系[J].科学社会主义,2014(3)：46—50.
② 卓彩琴.生态系统理论在社会工作领域的发展脉络及展望[J].江海学刊,2013(3)：113—119.

动,也包括社会适应过程中刑满释放人员与所在生态系统的横向互动过程,两者所交汇的点成为刑满释放人员"人在环境中"的集中体现。

第三,在分析的基础上,提出社会工作专业框架下的介入策略与途径,能够为相关部门和组织推进刑满释放人员社会适应实践提供参考,在分析的基础上提出系统性和深入性的对策与路径,为决策和行动部门提供理论借鉴。

二、文献综述及评价

在改革开放和社会转型的大背景下,刑满释放群体的社会适应性问题愈发受到各界关注,一方面刑满释放人员有更大的择业空间和更强的适应自主性,另一方面却面临着竞争激烈的就业环境和社会环境,刑满释放人员的社会适应问题随社会转型的不断深入,也将更加突出。

(一)国外相关文献综述

自 1984 年联合国大会通过《世界人权宣言》以来,西方国家愈来愈重视刑满释放人员权益维护议题,该议题在学术界和实践界引起了广泛关注与讨论。相关领域的专家学者对刑满释放人员的权力诉求、政策待遇、帮扶安置以及再社会化进行了深入的讨论,极大地丰富了刑满释放人员回归社会和遏制其再犯罪的研究成果。

国外对刑满释放人员社会适应问题的研究集中在影响其社会回归因素的探讨上。很多研究认为,单靠司法部门的工作无法满足刑满释放人员的需求,政府和非政府部门的协同合作才能真正实现对刑满释放者的有效关爱和帮扶。美国研究人员 Visher 和 Travis 观察记录了刑满释放者从社区生活到监狱生活再到社区生活的生活经历,主要过程分为入狱前、狱中期和狱后适应期的不同阶段。研究发现，在后期社会融入的过程中，本人的性格特点、社区的矫正、周边的环境、国家政策等都对其产生着或多或少的影响，其中容易被忽视的可能还包括被研究者的心理因素①。如果在其生活的区域可以提供心理咨询或者社区福利待遇等，对其过渡期适应的帮助会增加刑满释放者对社会和生活的积极态度，对其顺利融入社会有着明显的促进作用。面对每年从监狱释放的囚犯人数在不断增加这一事实，一些研究者认为，除非提供新的服务和项目，否则释放囚犯的浪潮将对公共安全构成重大威胁。研究者重新审视了这些问题和其他相关的问题，发现释放的囚犯中有很大一部分对公共安全构成威胁，而目前的假释监督制度则会增加而不是减少累犯。

家庭是帮助出狱人狱外生存最重要的因素，在狱中有家庭支持的人出狱后再犯罪的可能性更小。但由于监狱所处位置的影响，限制了家属的访问，大部分犯人失去了与家庭的联系，同时自身功能也有所失调②。学者 Rebecca 研究了家庭在罪犯重新回归社会后所给予的作用，探讨了即将释放的囚犯对他们期望得到的家庭支持的看法，以及他们对家庭成员在获释后对自己的支持程度的评估。Rebecca 研究了 413 名返回巴尔的摩和芝加哥的男性囚犯，他们在被释放之前的一到两个月接受了有关自我管理的调查，并在出狱后的两个月和三个月之间接受了一次一对一的采访。研究发现，被释放的囚犯主要依靠家庭成员来获得住房支持、经济支持和情感支持。在大多数情况下，这些被调查者所受到的家庭预支持在被释放以后被家庭所给予的后续支持超过。此外，被访者从监狱释放后，家庭在刑满释放人员重返社会过程中

---

① Visher, C. A. & Travis, J. (2003). Transitions from prison to community: Understanding individual pathways. Annual Review of Sociology, 29, 89—113.

② James Austin, Patricia L. Hardyman. "The Risks and Needs of the Returning Prisoner Population". Review of policy Research, Jan2004.

发挥的作用远远超过他们在监禁时所付诸的努力。这表明，家庭在刑满释放人员重返社会进程中是一个重要的影响因素，他们为返回社会的迷茫无助的囚犯提供了急需的支持①。

桑普森研究了各年龄段非正式的社会控制理论，尤其是对青少年的违法犯罪做了深入的探讨。他认为，当犯罪行为到了不得不放在最紧要的位置的时候，整个社会都应该对其给予更广泛的关注。他提出的最主要的一点就是过往人们对于犯罪问题的探讨仅限于在各种社交媒体上，这种将复杂的犯罪问题压缩在很小范围中所进行的研究是非常不科学且十分鲁莽的。令人痛心的是，这样的行为在过去一直被视为最正统的方式。通过这样的方式所得出的结论往往是片面的，不能找到问题的成因及解决问题的根本办法②。而社会学的研究在解决刑满释放人员的再犯罪问题中则做出了不少贡献。研究发现，出狱人只要投入一定的社会资本于家庭就可以减少重新犯罪的概率，这也打开了社会科学可以服务刑事研究的大门③。社区环境也影响出狱人的社会回归，随着时间的推移，出狱人数成比例地增加，同时他们中的大多数又因为再次犯罪而被逮捕入狱。有研究认为，刑满释放人员在租房过程中会遭受房东的歧视，所以一个刑满释放人员进入社区是相当困难的，且无法获得社会管理部门有效的帮助和支持，他们往往在经济生活上陷入困境。

避免再次犯罪只是最基本的问题，目前的研究都集中在关注

---

① Rebecca L. Naser, Nancy G. La Vigne. "Family Support Prisoner Reentry Process: Expectations and Realities", *Journal of Offender Rehabilitation*, Oco, 2006.

② 汪明亮. 逐级年龄非正式社会控制理论及其借鉴意义 [J]. 青少年犯罪问题, 2008 (2): 12-18.

③ 桑普森·劳布. 犯罪之形成——人生道路及其转折点 [M]. 汪明亮, 等译. 北京：北京大学出版社, 2006: 171-119.

累犯本身，而忽略了累犯所处的社会环境因素。因此，Travis认为加强社区（经济、社会等方面）建设，更有利于出狱人的社会回归①。更有学者将社会权利与刑满释放人员再社会化联系起来，认为"贫穷是间接地影响人民的生活状况或由供给一种生活状况使人民受其淘汰或产生无能力的人因而增加了犯罪。由于财富分配而起的迅速变动，使富者更富，穷者更穷，有钱者腐化，赤贫者堕落，两者都易走上犯罪的道路"②。刑满释放人员的再犯罪其原因在于财富分配问题。此外，刑满释放人员的就业稳定与否与其社会融入情况密切相关。许多刑满释放人员本身就是由于经济困难而导致的冲动犯罪，罪行不至太重，而在监狱的生活过程中所谓的劳教行为往往是理想化的改造，脱离了原本的生活实际。待到出狱以后，其仍然欠缺必要的生存技能，被逼无奈之下不得不重操旧业，实为生活所迫。而另一部分具有谋生技能的人，经过一系列改造可能精神接受了洗礼，打算从头开始，但生活却没能给他们机会，"有前科"的标签会一直伴随着其整个求职过程。如果监狱能够在谋生技能培训上给予一定程度的重视，对于出狱后面对社会排斥现象的心理和环境进行预防处理，就可以增加出狱人可获得的工作机会进而可促进其社会融入。相关文献表明，外国学者更关注刑满释放人员日常生活的基本保障，例如住房、收入等方面，在这些方面采取有明确目的性的措施，有效地帮助和解决了一些刑满释放人员的社会融入问题。

社会标签也被用于解释刑满释放人员社会融入问题。社会标签又名合作标签、社会分类法、社会标引，是一种个人或团体将术语、名称等（叫作"标签"）与一个在线"社会"环境中的数

---

① Christy A. Visher, Jeremy Travis, "Transitions from Prison to Community: Understanding Individual Pathways", Annual Review of Sociology, Vol. 29, 2003.

② 苏力. 市场经济形成中的犯罪违法现象——法律社会学的思考 [J]. 中外法学，1994（6）：19-25.

字资源作关联的方法。克莱门斯·巴特勒斯认为，20世纪70年代公众对罪犯产生偏见和歧视，与官方的统计资料和新闻机构大力渲染街头犯罪现象密切相关。如果舆论能够引导公众接受刑满释放人员，为其社会融入提供一个更好的社会环境，刑满释放人员的社会融入会变得更加轻松[1]。同样，他认为，监狱是不正常的社会，希望刑满释放人员回归正常社会是不合逻辑的。监狱会使得罪犯形成亚文化，交流犯罪经验，产生团伙犯罪。学者埃德温·萨瑟兰指出罪犯很容易产生共同的犯罪意识、畸形的需求及不同程度的反社会心理，进而实施犯罪行为。同时由于回归社会后自身正常的诉求得不到回应，周围人的排斥，生活的不如意，往往使得刑满释放人员感觉无人能够理解自己，社会也不会接纳自己，此时唯一可以理解自己的正是曾经一起在监狱待过的狱友。感受到社会的严寒，刑满释放人员只能相互取暖，他们又没有别的谋生手段，反倒是狱中待过的缘故对犯罪行为和技能异常熟悉，在同是曾经服刑人员、再犯罪且又是同病相怜的情况下，所受的心理上的折磨和负担反而会更小一点，这样犯罪行为的再发生所受到的来自内心的阻力比首次犯罪的人员来说还要轻得多[2]。正因如此，德国采用累进制，即单独监禁、缓刑和"保护性"释放无缝衔接，促进刑满释放人员的社会适应。在一些其他的社会工作领域，西方有些社区还有专门的出狱后照顾服务，这些服务包括为刑满释放人员提供工作机会，帮助他们接触社区的居民和邻居等社会福利服务，促使刑满释放人员对自己全新的身份和生活环境适应得更快更好。

纵观国外研究现状，可以看出其研究成果主要集中在刑满释

---

[1]〔美〕克莱门斯·巴特勒斯. 矫正导论［M］. 孙晓雳，等译. 北京：中国人民公安大学出版社，1991：131.

[2] 张杰、傅跃建. 萨瑟兰与犯罪学［M］. 北京：中国法律出版社，2010：98－119.

放人员或者出狱人的社会回归方面,具体包括有关刑满释放人员民生困难,有关刑满释放人员社会支持,有关监狱教育弊端,有关刑满释放人员社区矫正优势,有关前科消灭制度的法律法规等方面的研究,这些研究成果为本课题的顺利开展提供了重要的文献基础。

(二) 国内相关研究综述

我国学界对刑满释放人员问题的关注始于20世纪末,其中系统研究的专著有1995年由杨世光、沈恒炎编著的《刑满释放人员回归社会问题专论》,就刑满释放人员安置帮扶存在的问题、回归社会的影响因素以及对策进行了探讨,其重点落在了就业创业扶持方面。想要妥善解决刑满释放人员的就业问题,归根结底是要落实、解决想要重新做人的刑满释放人员的权利问题,更重要的是对他们提供一种政治上的保护。当然在这里也不能忽略了一点,那就是刑满释放人员需要学会如何利用资源来进行自我保护,如果自身没有做到这一点,来自他人的保护则无从谈起。而妥善解决回归人员的安置问题,并不是一个单纯的就业问题,其更深层次的意义在于这是对传统观念的变革,同时也是社会主义人道主义思想的体现。最后,这也是一种促进社会主义社会良性发展的方式①。

2008年,莫瑞丽、金国华提出刑满释放人员所遭受的社会排斥主要来自就业、婚姻与家庭、其他人际交往三个方面的观点,排斥原因主要与法律政策、思想观念、刑满释放人员自身有关。他们提出应通过完善法律政策、更新社会观念、提高自身素

---

① 杨世光,沈恒炎. 刑满释放人员回归社会问题专论[M]. 北京:社会科学文献出版社,1995.

质等方法减少这种社会排斥①。2009年由莫瑞丽撰写的《刑释人员回归社会中的社会排斥研究》,从多维角度讨论了刑满释放人员回归社会中受到的排斥,包括就业方面,户口、社会保障以及住房方面,家庭、婚恋方面和人际交往方面,认为要通过完善政策,减少和消除人们的歧视观念,完善支持与服务,加强刑满释放人员能力建设等措施促进其回归社会②。有的学者认为,刑满释放人员在社会保险参与资格、社会保障权益待遇享受、安置帮教救助项目设置几个方面存在问题,影响了刑满释放人员享受社会保障的权利,进而影响其日常生活,延滞社会适应进程③。骆群直接指出,"犯过罪的人"养老金被全部或部分地予以剥夺,也就是说,在养老保险制度的设计中对刑满释放人员形成社会排斥,这种社会排斥影响了他们的社会适应,也影响了社会秩序的稳定④。现实生活中刑满释放人员也难以获得较好的工作机会,大多没有办法实现就业,即使有了工作,也是社会底层工作。莫瑞丽、袁泽民在他们的研究中就指出,刑满释放人员在社会保障领域内因为相关政策等多种因素,不能够得到平等的对待⑤。成志刚、杨平在《论我国刑满释放人员社会保障制度的完善》中对完善我国刑满释放人员的社会保障制度进行了讨论,认为应该矫正政府的理念偏差,并且设立相关的法律,对社会保障制度进行

---

① 莫瑞丽,金国华. 对社会标签在刑释人员回归社会中的功能分析[J]. 福建论坛(社科教育版). 2017(12):18-20.
② 莫瑞丽. 刑释人员回归社会中的社会排斥研究[M]. 北京:中国社会科学出版社,2009:78-105.
③ 乐章,肖荣荣. 刑满释放人员的社会保障权益维护研究[J]. 社会保障研究,2015(3):55-58.
④ 骆群. 非刑罚惩罚:犯过罪的人养老保险社会排斥探析[J]. 东北大学学报(社会科学版),2008(2):150-155.
⑤ 莫瑞丽,袁泽民. 社会排斥视角下的刑释人员社会保障问题研究[J]. 求索,2010(10):169-170.

完善，建立专门针对刑满释放人员的保障机制①。在未成年人出狱后的社会适应问题方面，胡高生认为应该采用多样性的开放教育，以增强他们自身对全新环境的适应能力②。

从刑满释放人员的心理方面来看，陈和华在《论刑释解教人员的心理状态及帮教对策》中指出，刑满释放人员往往比普通人有更加严重的心理阴影，一方面是主观认为自己的犯罪行为是生活所迫，是不得已而为之；另一方面由于被劳教，客观生活等均不如意，这些对服刑人员的心理影响很大。他们最常见的负面心理有：仇视心理，对待周围事物采取敌对的态度，格格不入；自卑心理乃至自暴自弃的心理；依赖或者是补偿心理，认为自己在劳改过程中所失去的东西需要得到加倍的补偿，等等。转变其思想，提高他们的思想认识，对于他们回归的生活会起到良性的改善作用③。杨静在《从心理角度浅析刑满释放人员重新犯罪的成因及预防对策》中讲道：人的行为是心理的外在表现，即是说，人的具体的行动是受到心理活动的支配的。同样的，刑满释放人员的再犯罪也是建立在其一定的心理活动基础上的行为。对其心理进行研究，将有利于把握其再犯罪的成因，尽量避免其再犯罪，帮助其顺利融入社会。杨静将这些心理动机归结为以下几种类型，一是放松自我，私欲膨胀，从一个高压环境突然回到没有束缚的社会环境，就容易在管理自我方面产生懈怠。二是归属的需要受挫，回归人员回到社会没有受到应有的普通公民的待遇，心理的巨大落差往往造成了心理不平衡。三是反社会的人格的定

---

① 成志刚，杨平. 论我国刑满释放人员社会保障制度的完善［J］. 北京师范大学学报（社会科学版），2008（2）：97－102.

② 胡高生. 当前未成年犯回归心态及对策研究［J］. 青年探索，1999（2）：28－33.

③ 陈和华. 论刑释解教人员的心理状态及帮教对策［J］. 犯罪研究，2002（4）：37－41.

型以及一些恶习形成定势。四是自身的心理健康值低下，没法很好地调节挫折下的心理情绪。她认为除了制定相应制度，坚持综合治理之外，还应该加强心理方面的教育①。

从社会融入及社会工作介入的方面来看，张丽芬等在《社会工作介入刑满释放人员社会融入问题研究》中写道：接受访谈的刑满释放人员，无论年纪大小，都有社会融入的意愿。但由于种种原因，他们很难很好地融入社会。社会工作的介入要改变常见的问题视角，转而采取优势视角来对待刑满释放人员，以增强他们融入社会的信心。同时还应该对他们进行一定程度的心理上的辅导，消除他们内心的负面情绪，减少其回归的阻碍。再为他们努力创造一个良好的回归环境，建立相应的社会支持网络②。朱颖在《社会工作与刑满释放人员社会融入问题研究》中谈道，刑满释放人员对自己身份的融入问题表现为自我认知的边缘化，对已经脱离了许久的全新环境的极度不适应性。他们与社会处于脱节的状态，对于社会缺乏一些必要的归属感。职业方面的融入问题表现在就业困难，收入低，单位信任度不高。家庭的融入困难主要表现在无法面对家人，家人难以接纳等。社会交往方面的融入问题则表现为关系单一，社会参与度不高。无论是来自社会的原因，诸如社会制度的不完善，后续帮教措施的不足，或是来自个人的原因，诸如心理障碍与人力、社会资本的缺失，社会工作都是化解社会矛盾的主要力量。社会工作要创新社会服务途径，综合运用各种方法，从根本上促进刑满释放人员的回归③。在这

---

① 杨静. 从心理角度浅析刑满释放人员重新犯罪的成因及预防对策［J］. 科学时代，2008（3）：106-108.
② 张丽芬，朱颖，张才安. 社会工作介入刑满释放人员社会融入问题研究［J］. 社会工作，2012（1）：67-74.
③ 朱颖. 社会工作与刑满释放人员社会融入问题研究［D］. 湖南师范大学，2012.

一方面，刘柳在其《从福利支持视角论刑满释放者的社会融入》一文中提出，可以通过具有针对性的完善福利支持的方式来应对各种不同的社会融入困难。根据福利三角框架，关注点分别是来自家庭、市场、国家三个层面的内容。其中家庭层面作为一个微观层面，主要与刑满释放人员能否顺利地融入家庭，并且建立以自己为中心的社交网络有关；市场层面意味着经济政策，与此相联系的是就业与工作，也就是考察刑满释放人员在回归时期的被排斥和融入程度；国家层面主要与刑满释放人员的福利性政策的完善有关，这将为刑满释放人员的回归提供有力的支撑①。

专门针对服刑人员的犯罪行为风险性方面的研究较少，但仍有可供参考的文献。曾赟在《服刑人员刑满释放前重新犯罪风险预测研究》中运用定量分析后发现，降低刑满释放人员再犯罪率，既与监狱的改造及教育有关，也与司法行政机关科学风险管理有关②。王志强在《刑罚威慑的预防犯罪效应探析》中认为，预防犯罪是刑罚威慑的主题，在现实中刑罚威慑的预防效应最终会落到社会意志上来。从系统论和博弈论来说，刑罚威慑预防犯罪的形成效应除了受到社会整体大环境的影响外，还取决于社会个体与刑罚威慑系统是否具有耗散结构的特性以及这两个系统内的各要素之间的相互搭配③。总之，在预防犯罪的系统中，各种预防资源的存在不是一个平行的排列，不同的内在结构和功能决定了预防犯罪系统的各元素资源所占有的位阶。刑罚威慑是在国家、社会、个体三者作用下，有目的地调节各种形式转换过程的

---

① 刘柳. 从福利支持视角论刑满释放者的社会融入［J］. 国家行政学院学报，2014（6）：101－105.

② 曾赟. 服刑人员刑满释放前重新犯罪风险预测研究［J］. 法学评论，2011，29（6）：131－137.

③ 王志强. 刑罚威慑的预防犯罪效应探析［J］. 中国人民公安大学学报，2004（4）：127－133.

控制系统。各种形式的转换遵循一定的内在规律，同样的刑罚威慑也是有规律的。因此刑罚威慑的运行不应该是盲目的，而应该遵循一定的客观规律。

最后再从管理创新的角度进行回顾。贾洛川的《试论社会管理创新视域下出狱人社会保护的创新》一改以往以监狱内部教育为主的角度，大胆创新。他认为社会管理创新的时代背景极度渴望人们能够为出狱人进行一定程度的社会保护，社会管理视域下的社会保护理论基础主要体现为以人为本理念的指导、和谐社会理念的引领、教育刑罚主义的延伸、社会保障理论的支撑和社会连带理论的运用等方面。当今我国在刑满释放人员的保护方面取得了骄人的进步，但是新形势下越来越尖锐的社会矛盾也给我们提出了更高的要求。贾洛川提出，新形势下刑满释放人员的社会保护的创新路线选择，应从以下几个方面来进行：一是加快制定专门的刑满释放人员的社会保护法；二是着重提升刑满释放人员社会保护的社会化程度；三是进一步更新刑满释放人员社会保护的细则；四是想尽办法从各个方面来加快拓展刑满释放人员社会保护的渠道；五是从根本上把刑满释放人员的社会保护理论放在工作的重心位置。[①]

综合看之，国内关于刑满释放人员的相关研究，就从学术期刊上发表的论文数量来看，从 2000 年至 2013 年，每年约 10 篇左右，并有逐年增加之势，2014 年已经达 30 余篇。从研究内容来看，大部分文献着重于社会保护尤其是就业保护的研究（王胜利、王继光，2000；刘世恩，2008；施余兵，2009；应培礼 2014），重新犯罪原因及预防对策的研究（孔一，2002；刘玲玲、王嘉，2005；杨静，2008；靳琳琳，2012），以及社会融入与回

---

① 贾洛川. 试论社会管理创新视域下出狱人社会保护的创新［J］. 河北法学，2012, 30 (12): 91-98.

归的研究（王志强，2004；朱颖，2012；肖熹，2013；刘柳，2014；李光勇，2014；郭星华，2014），少量文献涉及刑满释放人员的心理研究（陈和华，2002；梁军荣，2007；缪文海，2010）。

从研究的学科背景来看，涉及法学、犯罪学、管理学、心理学、社会学等，其中社会学偏重于刑满释放人员的社会回归研究，在2009年后这部分文献较多，已经将社会排斥（莫瑞丽，2009）、社会支持（袁泽民、莫瑞丽，2013）、社会适应（高梅书、张昱，2013）、再社会化（何君，2006）、社会融入（冯颖、蔡东宏，2014）、社会福利权（刘柳，2014）、主体间性（郭星华，2014）、社会资本（吴鹏森、石发勇，2014）等概念引入解释其回归社会的过程。朱颖、张丽芬等将社会工作引入刑满释放人员社会融入研究，从身份融入、职业融入、家庭融入、社会交往融入等方面讨论了其融入难的原因，并提出社会工作要利用专业优势和专业方法来增强刑满释放人员社会融入的信心，要开展认知技能训练，加强心理健康教育，建立社会支持网络，从而从根本上促进刑满释放人员的社会融入（朱颖，2012；张丽芬、朱颖、张才安，2012）。

（三）对现有研究的评价

对于刑满释放人员社会融入的研究，相对而言，国外研究更加深入且具体，国内研究总体上略显单薄。主要表现在：研究内容狭窄，主要集中在安置帮教方面，对家庭、就业、社区等与刑满释放人员的关系，刑满释放人员的康复教育，刑满释放人员的生命历程，刑满释放人员社会适应的理论解释等研究较少涉及；研究者主要是来自司法行政部门的实际工作者，且学科背景经常以法学、犯罪学居多；研究方法更多侧重于工作经验总结及二手文献的分析，开展问卷调查、深入访谈搜集资料的研究较少；从横向环境探讨的文献居多，从历时的跟踪研究的文献较少。尤其在刑满释放人员的社会适应问题的研究上，常常把刑满释放人员放在一个总体的"出狱人"概念的框架中去研究，把狱前和狱中生活"搁置"起来，以出狱为时间节点去探讨其适应问题，虽然考虑到家庭、社区、工作单位、人际关系、职业等社会环境要素，但已经在一种"生活断裂和割裂"的基本假设下去探讨问题，最后所得只能成为一般性、总结性的结论，并无针对性、系统性和深入性的结论。

此外，对刑满释放人员社会回归或社会适应问题的研究还存在以下不足：一是研究多从法学、监狱学、社会学和管理学视角入手，直接从社会工作学科入手开展的研究较少，虽然有少量的研究，但研究深度不够，多为一些学校的硕士学位论文；二是研究多从宏观和中观的角度入手，讨论其影响因素和介入举措，鲜有研究从刑满释放人员的具体场景入手，谈论其社会适应的具体策略；三是当前的研究以描述分析为主，缺少社会工作干预性研究。基于此，本研究立足社会工作学科本身，在社会工作专业价值与理念下，针对刑满释放人员的"生活世界"进行考察，并在此基础上剖析其社会适应的内涵外延，探索其社会适应的具体策略。

研究认为，刑满释放人员的社会适应问题应该放在一个"生活连续性和系统性"的框架中去考量，应该采取社会工作学科的"人在环境中"的视角去研究，要从其由生命历程和生态系统所构成的社会系统的视野下去探讨。社会工作学科从一开始就强调"人在环境中"的视角，认为人是一个系统的存在，而人所经历的以及正在经历着的都会被纳入到人与系统的互动中，并影响着一个人的生活。据此，研究将在社会工作视域下去探讨刑满释放人员的社会适应问题，将采取历时研究与共时研究相结合的研究方法，将狱前、狱中及狱后的生活统筹到刑满释放人员的社会回归议题中来，以生活轨迹和生态系统的概念去诠释刑满释放人员的社会适应问题，以形成更具系统性和深入性的研究成果。

第三节　研究思路及方法

20世纪90年代以来，随着刑满释放人员的再犯罪率不断攀升，国外有关刑满释放人员的再社会化的研究被列为重点课题。① 而在我国，此类研究则是从偏向于刑满释放人员的去标签化向现在的监狱系统整体化转变。罪犯刑满释放是人民法院对其执行的刑罚结束的标志，是对其过去所犯错误惩罚的终止，也是恢复其一般公民身份的开始。从社会的角度而言，罪犯刑满释放回归只是其回归社会的起点或者临界点，能否真正重新回到并融入社会成为合格的公民，还受到诸多因素的影响，因此刑满释放人员回归的问题也是一项重大的社会问题，亟待相关部门及人员的深入研究。

刑满释放人员作为目前受到社会关注的一个群体，一方面他们曾经危害过人民经济利益或造成社会安全问题，他们往往被贴上罪犯的标签，即使出狱也难以摆脱，因此在回归社会的过程中屡屡受挫，常处于社会的不利地位。另一方面，他们中的一部分会走上违法的道路，归根结底还是由于社会化过程不顺利而导致的社会适应性较差，客观说来他们属于社会的弱者。

帮助弱势群体完成其社会化的过程，社会工作的介入无疑是最适合的。首先，社会工作是以利他主义价值观为指导，以科学的知识为基础，运用科学方法助人的服务活动。它旨在帮助社会上的弱势群体，预防和解决部分因经济困难或不良生活方式而造

---

① 刘柳. 从福利支持视角论刑满释放者的社会融入 [J]. 国家行政学院学报，2014（6）：101-105.

成的社会问题。作为社会服务的一部分，社会工作独特的价值观与专业的工作方法在促进刑满释放人员的社会融入中能发挥较大作用。社会工作助人自助的专业核心价值观与独特的优势视角正是对抗标签的有力理论武器。其次，社会工作运用专业的方法，可以为刑满释放人员提供如行为矫正、就业技能培训、心理辅导、人际关系技巧训练等专业服务，同时能够整合资源，不仅可以为他们争取物资或现金等方面援助，而且能够帮助他们进行能力建设，提升自我认同感和社会认同度，促进这个特殊群体重新融入社会环境，帮助他们重新被社会接纳。

基于此，本研究主要以刑满释放人员及其关联的社会系统为研究对象。具体涉及：不同年龄、性别和角色及心理状态的刑满释放人员，不同家庭状态、出狱时间、社会支持、社区环境下的刑满释放人员，以及刑满释放人员的相关社会系统，诸如家庭、亲戚、朋友、邻居、社区、监狱、工作单位或学校、政府部门等。

一、基本思路

本书属于应用性研究，基本思路如下：

第一，收集和分析国内外有关刑满释放人员回归社会的理论文献、成果资料，比较和归纳相关研究成果，为课题研究提供理论支撑。

目前对刑满释放人员社会适应的内在能力，社会适应的外部环境研究较多。在这一方面，法学、社会学及社会工作专业为其注入了诸多的心血，但相关研究还有待扩展。国外的文献针对刑满释放人员的生活问题、社会支持问题、监狱的体制问题、法律法规等研究较为丰富，再加上国外在刑满释放人员的研究方面涉入较早，文献资料较国内更加丰富。而国内文献则主要是针对社会排斥、社会保障及社会工作应用等研究，由于起步较晚，该层次的研究成果较少。考虑到国内外情况的差异性，只能尽可能多地收集理论文献与成果资料，结合实际情况，通过对比，归纳出适合本国国情的研究成果来为后续工作的开展提供更有力的支撑。

第二，从动态和静态两方面对刑满释放人员社会适应概念的内涵进行分析，形成操作化的维度，并进行讨论形成收集资料的提纲。

社会适应的研究模型由于研究者所采取的研究方法以及结论观点等的不同而有较大差异，按照研究者们对于此概念的内涵分析可分为三大类，分别是人格研究、智力研究以及自我应对研究这三种理论模式。总的来说，有关社会适应的内涵外延的界定还较为不明晰，这种不确定性是对概念定义整合的一种阻碍。因此，本书将结合动静态两方面内容对刑满释放人员社会适应概念模型的内涵进行分析，意即不能单一地对内在的形成机制投入全部的关注，还需要重视其发展机制。研究将对刑满释放人员社会适应概念进行操作化，将抽象的社会适应概念具象为可测量的指标。

第三，资料的收集。资料收集以深度访谈为主，要从刑满释放人员的人口学特征和社会适应过程入手进行访谈，主要了解刑满释放人员社会适应状况以及在其社会适应过程中与各个系统的互动情况。

针对刑满释放人员这一特殊人群，相关资料的收集将会比普通人的更为复杂和困难，通过较长时间的深入访谈有利于顺利打开信息的渠道收集到更深入的信息。这个过程是一个递归循环过程，访谈常会在研究过程中变化。人口学特征的指标包括空间、年龄、性别、文化、职业、收入、生育率等，从人口学特征入手就是要研究人口发展、人口与社会、经济、生态环境等相互关系的规律性在刑满释放人员的适应过程中，整个社会的大环境所赋予其的互动关系情况。而深度访谈的主要对象则包括刑满释放人员（主要是社会融入方面的问题）、其家人（主要是对刑满释放人员的看法及提供的帮助等）及安置帮教工作人员（对刑满释放人员的看法及付出和对本职工作未来的发展等）等三方面。

第四，基于社会工作视域，从微观、中观、宏观系统，以及生命历程分析刑满释放人员社会适应不良的原因，采取先分析后综合的方法分析各元素对刑满释放人员社会适应过程的影响，最终形成其社会适应影响因素的解释模型。

布朗芬布伦纳提出的生态系统理论强调个体的成长与发展离不开与其相互作用的环境的影响。基于社会工作的视域，研究将刑满释放人员放在其所处的环境中去分析其社会适应不良的原因。微观系统是刑满释放人员最直接接触的系统，包括刑满释放人员的家人与其的互动；中观系统、宏观系统则是与刑满释放人员间接接触的系统，包括社会环境、制度乃至国家的体制等都会对其产生影响。而对刑满释放人员的生命历程回顾，则能使其与周遭环境产生交互适应性，有助于摆脱消极情绪，找到症结所在。先分别找到刑满释放人员社会适应问题对应的原因，再将各元素综合起来，分析其交互影响，最终所形成的社会适应影响因素的解释模型就会更真实，也更准确。

第五，对构建的解释模型进行完善，并召开小型讨论会议，用新建模型对刑满释放人员社会适应过程进行验证性解释，以确保其合理和有效性。

构建的解释模型必然是不全面且是未经过验证的，这时候就需要众多相关的专家学者集中对模型进行讨论分析，对于模型的有效性的评估必须贯穿整个研究过程。一般来说，模型是所研究内容的一种抽象表达，并不能确认其百分百有效，但在模型的不断完善及高可信度的支撑下，对于刑满释放人员的社会适应过程进行验证性的解释是足以确保其合理性和有效性的。

第六，在新的解释框架下，从主体、内容、对策等方面探讨贯穿于刑满释放人员的服刑过程的社会适应推进体系。

社会适应有三个基本组成部分：（1）个体是社会适应过程的主体。（2）情境与个体相互作用，不仅对个体提出了自然的和社会的要求，而且也是个体实现自己需要的来源；人际关系是个体社会适应过程中情境的重要部分，同时也与生存能力构成了社会适应过程的基本内容。（3）改变是社会适应的中心环节。在服刑期间对服刑人员的改造趋于理想化，往往忽视了服刑人员自身的需求，导致了其步入社会后的格格不入。因此对于如何促进社会适应的推进体系的发展，需要从主体、内容、政策等多方面且贯穿整个服刑过程的始终来考虑，而不是割裂的以一种理想化的思维去进行改变。

二、研究方法

本研究聚焦于在生态系统与生命历程视角下专业社会工作如何分析和应对刑满释放人员的社会适应问题，以及社会工作如何推进刑满释放人员的社会适应。在其中，涉及三个核心概念，即社会工作者、刑满释放人员和社会适应。一般认为，社会工作是一门助人专业和一项助人职业，具体指遵循专业价值理念、伦理守则的前提下，以利他主义为指导，以科学知识为基础，运用科学方法进行的助人服务活动。它与一般的助人行为不一样，更强调社会工作价值的传递以及"生命影响生命"理念与方法的践行，其助人系统的主要要素包括：社会工作者、受助者、社会工作价值观、助人方法、助人活动等。本研究中的刑满释放人员，专指服满整个刑期，需进入社会，融入日常生活的释放人员。社会适应一般指个体在社会生活中对周围环境和自身的接受程度，在本研究中，社会适应是一个多维概念，既指向一种状态，这种状态往往与个体需要相关，也指向一种能力，这种能力更多呈现的是一种个体与周边环境的互动能力。综合理解之，即社会适应是一个框架，在这一框架中，既包括面向个体的系统与面向环境系统之间的互动，也包括面向中观环境与宏观环境的互动，还包括生命轨迹的延续性互动。社会适应是一个动态的过程或状态，唯有达到互动系统的平衡，方可达成良好的社会适应。在具体观测层面，文章优化并延续了相关研究的维度，将社会适应状态分为四个方面，即社会身份适应、婚姻与家庭适应、职业适应、社会交往适应。其中身份适应指向了面向个体的微观系统，后三者则指向了面向环境的系统，以及个体与环境互动的方式。

　　本研究采用定性为主、定量为辅的分析方法。定性研究也称质性研究，是指通过发掘问题、理解事件现象、分析人类的行为与观点以及回答提问来获取敏锐的洞察力。定量研究是指确定事物某方面量的规定性的科学研究，就是将问题与现象用数量来表示，进而去分析、考验、解释，从而获得意义的研究方法和过程。定量研究在具体的研究操作中强调操作化、概括化和客观性。解释主义主张人类对世界的体验并非是对外界物质世界的被动感知与接受，而是主动的认识与解释。因此，在定性研究过程中，强调了研究者要深入研究现场，多了解倾听被研究者的心声，同时做好自身的反省工作。在两种分析方法综合应用的情况下，研究同时运用综合论证、比较研究的方法开展研究。定性为主是指涉及社会适应的过程性分析，定量为辅主要涉及刑满释放人员社会适应的基本状况分析，综合论证是指要从影响社会适应的各个方面进行系统论证，比较论证则需要比较不同适应状况的刑满释放人员的影响因素。

　　本研究中大量的资料收集为分析问题提供了扎实的事实依据和基础。本研究不仅仅是搜集了刑满释放人员个体的资料，同时对影响因子比较重大的因素，以及相关管理人员的资料也有了全面和深入的搜集，并做了重点分析与研究。其中资料收集方法主要有：

第一，文献法。文献法也称历史文献法，就是搜集和分析研究各种现存的有关文献资料，从中选取有用的信息，以达到基于某种调查研究目的的方法。它所要解决的是如何在文献中选取适用于该项课题的资料，并对这些资料做出恰当分析和使用。运用该方法，通过对已有的研究文献和法律法规政策文件的查阅，对我国现行的为刑满释放人员提供相关服务以及社会工作在相关领域提供的服务和需要解决的问题进行了解。主要涉及三个方面的文献：一是对已有研究文献的收集，包括刑满释放人员相关的文献和社会工作相关理论模型的文献。二是对刑满释放人员相关政策的收集，重点收集了改革开放以来的相关政策法规文件，通过了解国家政策的取向，为研究提供宏观分析背景，也为梳理我国刑满释放人员安置帮扶政策发展提供了重要素材。三是对刑满释放人员相关档案资料的收集。通过查阅司法局基层安置帮教科和社区居委会的文档材料来获取个案的基本资料，为掌握基础数据以及开展个案访谈提供基础。

第二，访谈法。访谈法又称晤谈法，是指通过访谈员和受访对象面对面地交谈来了解受访人的最真实的心理和行为的研究方法。本研究根据拟定的访谈提纲同刑满释放人员进行深度访谈，与此同时，还要同其家人、邻居、朋友等进行访谈，以便对案主的情况进行更加深入的了解。通过对访谈资料的分析来解释案主的社会融入状况。谈话分析是指通过分析日常语言本身的结构和组织过程，以提示社会互动被产生和理解的过程与期待。社会学研究中，谈话本身不仅是实践活动，也是一种研究对象。通常被访者的真实意图都是隐藏在他们语言背后的，很少有人直接表达出来。因此，本研究试图通过对案主的日常谈话的分析，挖掘出案主深层次的话语含义。采用座谈会和个案访谈法等方法，对相关管理人员，刑满释放人员本人及其家庭、朋友、工作单位和社区工作人员进行访谈,了解刑满释放人员重新融入社会困难的深层原因是研究的主要内容,以便对刑满释放人员社会融入的社会工作介入模式进行探索。本研究不仅选择了刑满释放人员及其家庭进行深度访谈,而且与基层安置帮教科工作人员、社区委员进行了座谈,还与司法领域的专家学者进行广泛交流,这些为研究提供了丰富的一手资料。

第三,参与观察法。所谓参与观察法,就是研究者深入到所研究对象的现实生活环境中,在实际参与研究对象日常社会生活的过程中所进行的观察。参与观察法的长处是能够细腻、透彻地描述对象之间的关系、人与人之间的交往与行为事件所传递的意义和信息。运用此方法,研究团队成员深入到刑满释放人员的日常生活中,实地观察了解刑满释放人员所处的社会环境和社区居民对于刑满释放人员所持的态度,间接地收集刑满释放人员社会适应的相关资料。

第二章　社会工作视域下刑满释放人员社会适应的专业意涵

社会适应（social adaption）这一概念是由斯宾塞最早提出的，是指个体的观念、行为方式随社会环境发生变化而改变，以适应所处社会环境的过程[①]。社会适应是个体在与社会环境的交互作用过程中获得社会生存的基本法则，是追求个人与社会环境达成和谐平衡关系的过程。社会适应良好意味着人的物质与精神需要得到较好的满足。因此，社会适应对个体的生存与发展具有重要意义。在遇到冲突和挫折时，人们通常能采取适当的策略，调整自身的心理和行为，以适应社会生活[②]。社会适应历来受到各个学科的青睐，不仅与概念解释力的普遍性相关，更与当前社会的高流动性和快变动性相关。心理学侧重于从心理和人格适应层面认定社会适应，人类学倾向于从文化层面界定社会适应，社会学则从更为广阔的社会视角界定社会适应，各学科对社会适应的界定基本囊括了心理、经济、政治、文化等层面。到目前为止，关于社会适应概念的讨论还没有停止，各界对社会适应的态度不一，形成的看法和认识也不同。通过对现有研究的综述，可以对社会适应做出一般性的理解，也可以在社会工作视域下对刑

[①] 陈会昌. 中国学前教育百科全书·心理发展卷［M］. 沈阳. 沈阳出版社，1995：245.

[②] 陈建文. 论社会适应［J］. 西南大学学报（社会科学版），2010，36（1）：11-15.

满释放人员的社会适应做出专业解读。

第一节 视角梳理：作为"状态、过程、能力"的社会适应

社会适应是众多社会学家和心理学家普遍关注的热点问题，也是人文社会科学研究中出现的"高频概念"之一。学者们从不同的角度和维度对社会适应的群体进行了研究，取得了丰硕的研究成果。社会适应的概念指向一般与社会中的特殊群体相关，这里，特殊群体不仅指社会权力与地位相关的弱势群体，还指与能力缺失相关的脆弱群体，也指与环境恶劣相关的劣势群体。个体的行为方式、观念、价值观都会随着环境的变化而变化，以适应社会环境变化的过程。提高特殊群体的社会适应能力，对于改变他们的生存、生产状况，维持社会稳定具有十分重要的现实意义。在现实社会中，弱势群体、脆弱群体、劣势群体往往相互交叉，可以在同一个区域存在三种群体，也可以因为某一突发事件而导致单一群体产生。正因为如此，不管在实践中还是在研究中，社会适应都凸显出复杂性特点。就目前来看，对社会适应的理解有三个取向，即状态取向、过程取向和能力取向。刑满释放人员从监狱到社会，不仅仅是地域空间的变化，更反映了他们在身份、行为和心态方面的变化。当我们从这一角度去看待和理解问题时，如何促进他们的社会适应问题就会立刻凸显出来。任何一个人进入新环境时都会在不同程度上遇到各种各样的困难和问题。刑满释放人员的社会适应包括多个层面，既有在就业领域和工作场所的社会适应，又有在生活领域、社会交往和社会参与领域以及在文化、观念、态度和生活方式等各个方面的适应。刑满释放人员的社会适应如果不顺利，不仅会使其生活更加困难，而

且可能使其再次走上犯罪的道路，带来更加严重的社会问题。因此，对刑满释放人员的社会适应问题应予以重视。

一、"状态"取向的社会适应

一般而言，社会适应是一个持续性、多层次的社会适应状态，它指个体在社会生活中对周围的环境和城市化过程的接受程度。它的状态取向决定了可以从横向的几个维度考察社会适应的概念。如从社会层面（社会交往）和心理（归属感）两个层面考虑"老漂族"的社会适应[①]；从工作层面、生活层面、社会交往层面考察新生代农民工的社会适应[②]；从新社会角色、新社会活动、新道德规范方面考察被动城市化中的"村二代"的社会适应[③]；从经济适应、生活适应和心理适应层面分析女性婚姻移民的社会适应[④]；从安置状况和社会支持层面分析退役军人的社会适应[⑤]；从自然环境、人际交往、生活、生产、社会心理、心理健康六个层面分析三峡移民的社会适应[⑥]；从经济、社会、心理层面分析农村婚姻移民的社会适应[⑦]；从生计方式、文化心理、

---

① 刘庆．"老漂族"的城市社会适应问题研究——社会工作介入的策略[J]．西北人口，2012（4）：23-26．

② 许传新．"落地未生根"——新生代农民工城市社会适应研究[J]．南方人口，2007（4）：52-59．

③ 钟涨宝，陶琴．外来务工人员子女和本地学生的社会距离研究——基于双向度社会距离测量[J]．南京社会科学，2010（8）：76-84．

④ 赵丽丽．城市女性婚姻移民的社会适应研究——以上海市"外来媳妇"为例[J]．江西师范大学学报（哲学社会科学版），2008（2）：103-109．

⑤ 魏同斌．退役军人安置状况及影响因素分析[J]．社会工作（理论），2008（12）：37-40．

⑥ 彭豪祥．三峡移民社会适应性研究[M]．武汉：武汉大学出版社，2015：38-41．

⑦ 邓晓梅．农村婚姻移民的社会适应及性别差异初探——来自吴江的实证研究[J]．西北人口，2011（1）：67-72．

身份认同三方面如何增强民族地区扶贫移民的适应能力①;从心理、生产、生活、人际和文化五个方面考察灾后移民社会适应的状况②。

可以看出,对不同类型的特殊群体,考察其社会适应的"状态"维度不尽相同,当然这种不同不仅与特殊群体类型相关,也与研究者的学科背景及研究旨趣相关。但就适应的本质来说,它是一个生物学上的名词,更多意指自身及自身所依赖的环境的改变,这种改变可能是"空间"上的变动,如地理空间的迁移和因灾害引起的环境的突变;也可能是和"自身"相关因素的变动,如个体的成长和因情境中灾难所引起的暂时或永久的个人在生理、心理和社会层面的突变。社会适应往往与个体或群体需要满足联系在一起,因此在适应维度的划分中,有些是促成适应的原因,如三峡移民的社会适应中,心理因素、生产因素、环境因素等,都反映了移民这一重大社会变迁不仅仅是人口地理上的位置迁移,更是一种社会生产方式、生活习俗、民风、社会情感与态度、价值观等一系列社会学和心理学意义上的变化③。有些是适应的结果或状态,如退役军人安置体制的转变,体制转变后的退役军人仍然希望政府能够给予他们在计划经济体制下曾经享受到的同等待遇,这势必给目前市场经济形势下退役军人社会适应带来巨大的挑战④。钟涨宝等人认为社会适应的核心在于经济适应和社会交往适应,经济适应通常表现为职业适应,其最为重要的

---

① 辛丽平. 贵州民族地区扶贫移民中的社会适应研究 [J]. 贵州民族研究, 2019, 40 (3): 55−59.

② 周炎炎, 杨世箐. 灾后移民社会适应状况评价——基于北川等地的调查 [J]. 西北农林科技大学学报(社会科学版), 2016 (6): 81−86.

③ 彭豪祥. 三峡移民社会适应性研究 [M]. 武汉: 武汉大学出版社, 2015: 89.

④ 魏同斌. 退役军人安置状况及影响因素分析 [J]. 社会工作(理论), 2008 (12): 37−40.

目的是个人可以获得必备生活资源维持生存与生活；而人是社会关系的总和，社会适应的最基本内容是人际适应[1]。按照马斯洛的观点，每个人都有归属与爱的需要，所以社会交往成为一个人之"必需"，社会适应就是促成个体建立起社会交往网络，提供"归属感"需要的满足。适应是人和环境相互作用的过程，分为主观方面和社会方面。主观方面是指个人对环境的满意度，社会方面是指个体通过努力获得某一社区中的地位[2]。张建国认为社会适应方式分为主动适应和被动调适两种适应策略。主动适应的状态是人会积极主动地采取行动去适应社会，在行动策略上会尽量采取所有的行动手段、资源，甚至是改造环境来促进其社会适应。被动调适则是一种消极的适应行动。在生活环境和职业条件发生改变后，人们消极地采取调适行动，在行动策略上则过分依赖已有的资源。由被动调适向主动适应的转变主要是依靠个人态度转变和个人行动策略的增加来实现。社会适应还可以从主观和客观两个方面来分析。从客观方面来说，经济、社会、文化、社区居住环境因素等直接作用于社会适应过程，对人们能否快速顺畅地适应现有生活起着举足轻重的作用。从主观方面来看，个体因素成为其能否积极主动完成社会适应的关键条件[3]。

因此，社会适应和个体需要的满足是分不开的。"状态"取向的社会适应的维度建构往往与其对不同个体需要的满足状况相关，如对生存需要的满足指向了经济或职业适应，对归属、爱和尊重的需要指向了心理适应，对人际交往的需要指向了社会交往适应，对身份认可的需要指向了社会融入适应。具体来看，刑满

---

[1] 钟涨宝，陶琴. 外来务工人员子女和本地学生的社会距离研究——基于双向度社会距离测量[J]. 南京社会科学，2010（8）：76-84.
[2] Scott, W. & Scott, R. Some Predictors of Migrant Adaptation Available at Selection Time [M]. Australian Psychologists, 1985, 20 (3): 313-343
[3] 张建国. 失地农民的社会适应研究[D]. 武汉大学，2011.

释放人员通过参与经济生活获取收入，即可满足其自我生存需要；通过与家庭成员、朋友、同事的互动，建立亲密关系以满足他们对爱与依恋的需要，进而促进积极健康心理的形成；通过与其他社会群体乃至社区组织的交往，形成良好互动以满足其社会融入的需要；通过寻求法律与制度以及社会大众认可与接纳，享有同样的社会权利，以追求社会身份认可的需要。

个体社会适应的状况可以从社会生活的不同领域表现出来。根据适应的内容领域不同，可以将社会适应划分为不同的方面。通过以上文献综述，大体可以分为个体的自我适应和对社会整体的适应。对于社会整体的适应又从三个方面体现：第一，体现在与其他个体互动交往的过程中。个体总是处于一定的社会环境中，尤其是在重视人情与关系的中国文化中，同他人打交道是无法避免的事情，人际关系状况是判断一个人是否适应社会的重要维度。第二，体现在个人遵从社会角色的社会规范中。社会适应就是个体通过学习、接受现有社会生活方式达到与社会环境共生、和谐与平衡的关系。第三，体现在应对社会环境变化的过程中。社会环境处于动态变化中，个体对社会环境的变化有的是消极的，有的是积极的。个人需要的层次性引出了社会适应的维度，对刑满释放人员来说，人们往往把"是否重新犯罪"作为衡量其是否适应社会的最为重要的标准，而其父母身份、就业、住房、家庭、朋友就作为影响适应良好与否的最为重要的因素。所以，要从状态取向入手考察刑满释放人员的社会适应，必须要厘清两个问题：一是哪些是适应状态，哪些是影响社会适应的因素；二是刑满释放人员的社会适应层次包括哪些，这些层次之间是什么关系。只有对这两个问题进行深入解读，才能更全面地阐释作为"状态"的刑满释放人员的社会适应。

二、"过程"取向的社会适应

社会适应作为分析需要,尤其作为定量分析需要,经常被细化为几个横向的维度,即作为状态的社会适应,但往往研究的重点仍旧放在影响社会适应的因素和应对策略上。因此,从其社会适应实现的脉络来看,它更强调的是过程,而且是一个有层次的过程。按照《心理学大词典》的解释,个体的社会适应是"个体接受现存的社会生活方式、道德规范和行为准则的过程"①,从个体社会化的观点看,社会适应就是"个体适应社会要求,在与社会的交互作用过程中,通过学习与内化社会文化而胜任社会所期待承担的角色,并相应地发展自己的个性的过程"②。还有一种代表性观点则强调个体与社会的平衡与和谐关系。张春兴认为,个体的社会适应指"个体接受不断地学习或者修正各种社会行为组型和生活方式,以求符合社会的标准与规范,而与社会环境维持一种和谐的关系"③。其他学者则在社会适应概念的论述中兼顾了适应过程与结果两个方面④。王康和林崇德等人都认为社会适应是适应社会环境的过程。王康在《社会学辞典》中指出,社会适应是个体和群体通过调整自身行为以适应周围社会环境的过程,在社会学背景下,社会适应经常被认为是社会化的过程就是例证,它所指的社会适应即指个体社会化过程中,对社会道德规范和行为准则主动或被动调适的过程。换句话来说,即个人与社会交互作用,适应并吸收社会文化,获取社会成员资格的过程。正因为它是在交互作用中完成的,因此有学者将主体间性

---

① 朱智贤. 心理学大词典 [Z]. 北京:北京师范大学出版社,1989:572.
② 庄曦. 社会融合视角下流动儿童媒介使用行为研究 [D]. 武汉大学,2010.
③ 张春兴. 张氏心理学词典 [Z]. 上海:上海辞书出版社,1991:17-18.
④ 江光荣. 社会变革与人的适应 [J]. 华中师范大学学报(哲学社会科学版),1995(6):19-23.

的视角引入探寻社会适应过程,认为特殊群体之所以不能实现社会适应,正是由于在与外界交互的过程中,主体间的关系没有形成,而主体间关系的最集中的呈现就是"共同感受"与"同情"①,因此,要始终把"共同感受"情感慰藉作为社会适应的本源,保持好"同情感"互动空间的弹性,进而实现社会适应。从这一点出发看社会适应,最主要的是要探视实现社会适应的影响因素以及社会适应的过程实质。

过程也具有阶段性特点。盛琳琳(2015)在对新生代农民工城市社会适应的研究中,就得出了新生代农民工的适应过程经历了"发动—憧憬""受挫—低落"及"顺应—孤立"阶段的结论,且他们虽然是一种积极适应的过程,但其适应状态一路走低,最后形成了一种不适应、封闭化的适应状态。因此可以看出,适应过程中适应主体积极与否与适应结果并非形成一一对应关系,和所适应的社会及其互动有紧密相关的联系。Ekland-Olson 等人经过研究,指出刑满释放人员的社会适应和退休老人的适应过程相似,都经历蜜月期(或兴奋期)—失望期(或清醒期)—重新定位期。这一定位和适应主体(刑满释放人员)对环境的认知有较大关系,或者说环境给予刑满释放人员的信号在某种程度上对社会适应起到关键性的推动作用②。例如,监禁的污名化使得刑满释放人员从兴奋期走向失望期,越来越自我否定和消极归因,最终在非法活动或非法团体中寻求归属感,走上犯罪的道路。高梅书、张昱在对社会适应过程相关文献的综述上,提出刑满释放

---

① 张必春,邵占鹏."共同感受"与"同情感":失去独生子女父母社会适应的机理分析——基于双向意向性中意动与认知的理论视域[J]. 社会主义研究,2013(2):91-97.

② Ekland-Olson, S., Supancic, M., Campbell, J., & Lenihan, K. J. Postrelease Depression and the Importance of Faminlial Support [J]. Criminology, 1983, 21 (2): 253-275.

人员的社会适应是刑满释放人员与社会环境交互作用的过程，在这一过程中，刑满释放人员需不断调整自己的认知、态度和行为，处理困难并承担社会职责，最终成为守法公民[①]。成婧认为，社会适应的过程就是个人认同、物质认同、角色（身份）认同和集体（身份）认同的多维度认同过程。个人的社会适应体现了人与人、人与社会、人与国家的多重关系和互动结果。物质层面的认同体现个体精神层面对物质世界的认知和诉求。角色认同是人通过承担社会角色来进行社会互动，从而满足个体需要。集体认同从宏观层面分析个体对国家、民族、宗教的集体认同过程，反映了个体的宏观环境适应情况[②]。陈映芳、陆芳萍将女性劳动力移民的社会适应过程中的特定生活情景操作化为特定的文化背景和一定的场域，即选取家庭与社区关系、城市职业与经济成就、文化异同三个方面结合具体的个案来分析女性劳动力移民在三个层面的城市适应过程的特性，以女性主义的视角考察女性劳动力移民独特的社会适应过程[③]。贾丽峤在南水北调中线工程中的水库移民社会适应研究中，选择 C 村作为个案，通过对移民日常生活事件的考察，真实生动地呈现移民在安置地三年的社会适应过程，并通过对移民跟当地居民以及政府互动的研究，分析他们的适应策略，从日常生活、生产劳动、家庭经济、人际关系四个方面来研究移民的适应过程，发现移民在这四个方面的适应过程是不同步的[④]。孟玲（2017）在来华外籍教师社会适应的

---

① 高梅书，张昱. 国外出狱人社会适应研究及对当代中国的启示［J］. 华东理工大学学报（社会科学版），2013（1）：32－43.
② 成婧. 跨国务工青年的返乡文化适应研究——以吉林省延边州 L 市为例［J］. 青年探索，2016（3）：56－65.
③ 陈映芳，陆芳萍. 公共教育与乡村迁移人员的城市适应［J］. 探索与争鸣，2005（7）：17－19.
④ 贾丽峤. 水库移民的社会适应过程及其策略研究［D］. 华东理工大学，2013.

研究中，发现被研究者的社会适应过程是一个在压力下逐步向前推进的动态过程。在跨文化适应的过程中，研究者会经历"蜜月"阶段，压力及自我调节阶段，并实现自我成长逐渐适应异国文化生活。其中，"蜜月"阶段并不是每个人都会经历，且由于得到的社会支持程度、应对策略及个性等的不同，个体经历压力与自我调节阶段的时长差异较大。造成个体跨文化适应压力的因素主要有语言、食物、居住条件、思乡及教学[①]。促进个体跨文化适应进程可从三个方面努力，即社会支持，个性以及应对策略。陈绍军等人通过对农村"漂族老人"城市社会适应过程的研究发现，"漂族老人"的城市社会适应状态及过程具有一定的动态性、差异性，其适应过程主要呈现四种类型：U型、J型、L型和水平线型。同时，"漂族老人"在城市社会适应的过程中也出现了不同的问题，应通过"漂族老人"自身、家庭、社会工作者、社区及政府的共同努力来维持并增进"漂族老人"的城市社会适应性[②]。

也正由于过程导向的社会适应分析从纵向展现了适应全貌，便于从互动过程中寻找影响社会适应的因素，所以得到了越来越多研究者的重视。但是，在过程研究中，由于忽视了适应状态的研究，"社会适应是否实现"问题则被悬置起来。更多研究是基于对具体情境中的特殊群体，尤其是特殊经历的总结，尽管这种研究凸显了"小人物"在历史推动中的作用，凸显了特殊群体的主体性，却忽略了衡量社会适应的具体标准。所以也难怪不少研究将刑满释放人员"不再犯罪"作为社会适应的重要标准，把社会学中的"再社会化"的概念与刑满释放人员的社会适应等同起

---

① 孟玲. 来华外籍教师跨文化适应过程——对三位美籍教师的质性研究[D]. 广西师范大学，2017.
② 陈绍军，邵真真，史明宇. 农村"漂族老人"的城市社会适应过程研究——以南京市江宁区J小区为例[J]. 江苏经贸职业技术学院学报，2013（4）：22-26.

来。实际上，适应是一个渐进的过程，是基于"需要—满足—再需要—再满足"这个螺旋式不断上升的过程。在这一过程中，需要具有层次性和递进性的特征，需要的满足既依赖于适应主体对需要的基本认知，也有赖于外在环境为适应主体提供满足需要的主客观环境；只要两者保持某种一致的平衡，适应主体就暂时处于一种"社会适应"的状态。

三、"能力"取向的社会适应

社会适应是主体适应社会环境的过程，主体社会适应能力的大小也决定着其最终的适应状态，因此很多研究从"能力"取向对社会适应展开论述。在移民研究中，社会适应被认为是一种移民适应城市社会环境，并具备从环境中获取资源的能力，而移民社会适应的不良正是由于获取资源能力太弱所导致的[1]。适应也被看作是跨文化的产物，在其中包含着心理调整和社会文化调整，前者是指心理上的舒适和满意，后者则直指一种对新社会环境的适应能力[2]。社会适应的能力视角也被心理工作者所推崇，甚至形成了针对学生的社会适应能力的量表，用能力测量中小学生的社会适应水平[3]。此外，社会适应力作为一个专有名词也经常出现在相关研究中。郑祥专在积极心理学理念下讨论大学生的社会适应力，他认为社会适应力是人类适应外界环境从而赖以生存的能力，是一种在个体与社会环境互动中获得并保持动态平衡

---

[1] 杨政. 城市化过程中农民工的城市知觉和社会适应 [J]. 长白学刊，2005 (4)：76−78.

[2] Ward, C. & Kennedy, A. Where's the "Culture" in Cross-Cultural Transition? Comparative Studies of Sojourner adjustment [J]. Journal of Cross-Cultural Psychology, 1993, (24): 223

[3] 李彩娜，孙翠翠，徐恩镇，顾娇娇，张庆垚. 初中生应对方式、压力对社会适应的影响：纵向中介模型 [J]. 心理发展与教育，2017，33（2）：172−182.

的能力,这种能力的内在表现是心理成熟程度,而外在表现则是各种适应行为以及适应状态①。正是由于社会适应力和心理极度相关,所以其提升策略必然要从认知结构重建开始,进而提升个体的挫折耐受力及和谐人际关系建构的能力。陈会昌在《德育忧思录》中指出随着环境的改变,人的认识、行为模式、价值观等相应的发生改变的过程就是个体的社会适应;朱巧英认为社会适应能力是个体对社会环境的适应性和匹配性,是个体依据年龄和主流社会价值观的期望解决日常生活中遇到的问题及承担相应社会责任的能力②。杨光平认为大学生社会适应能力是适应社会各方面的综合体,主要包括自主生活能力、学习适应能力、抗挫能力、人际互动适应能力以及认知实践能力③。路锋辉认为社会适应能力是个体社会化过程中表现出来的相对稳定的心理与行为特征的总和,从适应空间环境维度可将其分为环境适应导向、人际适应导向、个体发展导向,从时间维度上又可将其分为认知取向、适应取向和行为取向④。宋之帅等在对大学生就业压力与社会适应能力关系的实证研究中发现,大学生社会适应问题成为影响其就业发展的重要因素,并且发展社会适应能力在一定程度上可以减轻就业压力。其中,社会适应能力又称为社会适应性或社会适应行为⑤。王少静和曾天德总结出来影响社会适应性的四大心理机制,即人格、智力、自我调节及人格与认知的相互作用,

---

① 郑祥专. 积极心理学理念下大学生社会适应力提升策略探新[J]. 湖南师范大学教育科学学报, 2009, (5): 121-123.
② 朱巧英. 大学生社会适应能力与就业压力关系探析[J]. 社会工作(学术版), 2011(7): 83-85.
③ 杨光平. 当代大学生社会适应能力的调查及培养研究[D]. 西南师范大学, 2002.
④ 路锋辉. 大学生社会适应能力评价指标研究[D]. 山东大学, 2008.
⑤ 宋之帅, 尚广海, 冯兰. 大学生就业压力与社会适应能力关系实证研究[J]. 福州大学学报(哲学社会科学版), 2014, 28(5): 80-84.

认为对社会适应影响最大的外在因素是社会实践[①]。叶寅将社会适应能力分为人际适应、学习能力适应、社会环境适应、心理适应、职业适应五个方面[②]。黄崇蓉采用父母教养方式评价量表（EM BU）、情绪智力问卷（EIS）以及大学生社会适应性量表，考察母亲教养方式、情绪智力和大学生社会适应能力的关系，发现母亲教养方式、情绪智力和大学生社会适应能力三者之间两两相关，母亲教养方式中的情感温暖维度与情绪智力和大学生社会适应能力两个变量呈显著正相关，母亲教养方式中的惩罚严厉、否认拒绝、过分干涉、偏爱被试维度与情绪智力和大学生社会适应能力两个变量呈显著负相关[③]。坚韧性人格、一般自我效能感和社会支持对社会适应能力有显著的正向预测作用，且坚韧性人格能显著调节社会支持对社会适应能力的影响，调节作用体现在人格坚韧性更高的个体能更好地利用社会支持来提高社会适应能力[④]。姚一帆（2017）认为，综合性是社会适应力问题的普遍性，由此可以认为社会适应不同方面有着内在联系。运用系统视角及心理与社会治疗模式帮助城市退休人员解决社会适应问题能够取得良好效果[⑤]。

"能力"取向的社会适应更多被应用于处于成长中的个体身上，而其他诸如地理空间的迁移、灾难引起的环境变化等较为宏

[①] 王少静，曾天德. 社会适应性研究述评［J］. 广西青年干部学院学报，2012，22（6）：5—8.

[②] 叶寅. 社会适应能力视角下提升大学生就业能力的实证研究——以上海市为例［J］. 统计与管理，2016（12）：50—53.

[③] 黄崇蓉. 母亲教养方式与大学生社会适应能力的关系：情绪智力的中介作用［J］. 晋中学院学报，2017，34（6）：73—77.

[④] 范晓玲，杨翠平，谢家树，周踏平. 小学生学习适应性问卷的编制与信效度评价［J］. 教育测量与评价（理论版），2013（6）：4—7.

[⑤] 姚一帆. 城市退休人员社会适应的个案工作介入研究［D］. 河北大学，2017.

观因素所带来的社会适应则很少用"能力"取向。同时,"能力"取向的社会适应又同时受制于多种因素,如体育活动会对特殊群体社会适应能力产生影响,父母的教养方式会对学生的社会适应能力产生影响,学生的自我效能感也会对社会适应能力产生影响。因此,可以这样理解,社会适应归根结底是人与环境互动的过程,在这一过程中人与环境中的各个要素共同构成了影响社会适应水平的变量。在以微观即"主体"因素为主的适应中,"能力"视角成为显学,如学生的社会适应;但在以中观甚至宏观因素为主的适应中,"状态"取向的研究成为主流,如对移民、灾民、残障人群等社会适应的研究。但不管是能力取向还是状态取向的相关研究,都共同认为社会适应是一个过程,这一过程具有渐进性、阶段性以及互动性的特点。所谓渐进性就是指社会适应的达成与否不是一下子就完成的,它是由量变到质变的过程,突进式适应最终呈现的结果就是适应不良,渐进性才是社会适应的实质特征。所谓阶段性是指社会适应有一个基本的过程,从主体走入环境,接触、认识、沟通、利用、构建环境的这一过程,分成了若干阶段,每个阶段的时间或长或短,如果在中间某个环节戛然而止,或者走向了他处,则意味着出现了适应不良。所谓互动性意指社会适应是主体与社会环境互动和碰撞的过程,不管是适应不良或者适应良好,个体都是一个行动者,采用各种方式,或积极地应对或消极地抵抗,都与环境产生着互动。

第二节 刑满释放人员社会适应的社会工作解读

社会工作认为,人是一个系统的存在。良好的社会适应状态意味着个体与相关的系统之间达成了有效的均衡,能够完成个体各种需要的满足,反之则出现了适应不良的状态,影响个体需要的满足。肖熹研究指出,刑满释放人员应该迫切融入社会,有效地阻止负面影响的延伸,首先是要能够符合时代的主旋律。刑满释放人员在高墙内与世隔绝,对社会价值观等方面的要求并不能与时俱进,因此社会工作首先要能够保证其与社会要求的契合[①]。杨祺的研究表明,现实生活中刑满释放人员再次犯罪是社会生活中矛盾的体现。在其研究中运用社会学两维性的思路分析,认为刑满释放人员是弱势性和风险性结合的产物,在有效引导下,当刑满释放人员能够正常地回归社会时,其表现为刑满释放人员的社会生活将与其他普通公众一样,处于在社会体制和国家制度有效平衡的原发状态,从而在社会处境中享受公平待遇[②]。廖一如研究发现,面对刑满释放人员社会融入时的困境,社会工作者要做到专业贴合刑满释放人员的个体心理特征。在看待个人问题时,应把个人置于其生长的大环境中,个人问题的产生不能完全归结于个人,而往往是客观环境中多方面因素综合作用的结果;在分析问题时,社会工作注重着眼于整体,着眼于服务对象的整个系统;在介入时,重点在协调及沟通与问题产生有关的各个系统,通过改变环境促进个人问题的解决[③]。我国刑满释放人员这一庞大的群体重新回归社会后面临着激烈的宏观就业环境,一旦刑满释放人员不能很好地适应社会环境,很可能重新走上犯罪的道路,给社会治安带来极大挑战。刑满释放人员在监狱服刑,长期脱离社会,思想观念和技能都有其落后性。刑满释放人员重新回归社会后,成为一名普通的社会人,为了生存的需要,需要继续学习就业技能,适应社会文化,使自己能够更好地

---

① 肖熹. 和谐社会视域下刑满释放人员社会融入问题及对策研究 [D]. 湖南师范大学, 2013.
② 杨祺. 刑释人员社会融入的社工介入实践报告 [D]. 长春工业大学, 2014.
③ 廖一如. 刑满释放人员社会融入所面临的困境分析 [J]. 商界论坛, 2014 (23): 219.

适应在社会和生产中的不同角色的变化。在社会工作的框架下理解刑满释放人员的社会适应，可以从"系统"和"需要"两个方面入手进行分析。

一、"系统"视角下刑满释放人员的社会适应

系统是社会工作学科最为重要的概念之一，尽管各界对系统有不同的划分标准，但普遍承认它的层次性和多元性的特点，一致认可人与系统的互动关系，刑满释放人员所处的系统同样具有这些特点。系统是由一定界限内相互联系、彼此互动的部分组合而成的集合体，如家庭、社会团体。系统分为开放系统和封闭系统。开放系统是指由于界限具有渗透性，使得界限内部的资料、资源、能力与外部环境可以相互交流、相互交换的系统。这种系统动力强、有活力，与外界联系较紧密，较易从系统外获取资源。其缺点是过度的开放和活跃会导致系统内外关系较为松散，因此往往难以得到强有力的支持。封闭系统是指那些界限十分固定、生硬，与外界环境完全独立的系统。封闭系统通常由同类人群组成，由于同质性较强而使得系统内部具有较强的相互支持力度。但同时这种较强的同质性会导致系统内部的资源较少，而且由于与外界环境隔绝，导致难以获得系统外的资源和支持。开放系统和封闭系统的区分并不是绝对的，在一定条件下可以相互转化。系统的状态包括五种特征：第一，稳定，是指系统本身如何通过接收外界输入和自身输出以维持系统的正常运作；第二，均衡，是指系统在接收外界输入而产生变化的情况下，仍能维持其基本本质的能力；第三，分化，是指系统经历长时间的输入、变化后，包含了更多不同的组成，发展成为更为复杂的状态；第四，非等加性，是指整体系统不等于各个部分的叠加之和；第五，相互作用，是指系统中的某些部分在发生改变的同时，会与

其他部分互动而使得其他部分也发生改变①。

系统理论为社会工作者更好地分析求助者遇到的问题、产生原因及其解决办法提供了一个视角。它启发社会工作者,刑满释放人员问题的产生往往与其生活环境密切相关,因此除了刑满释放人员本身,还应该注意分析刑满释放人员的生活环境,学会从环境及刑满释放人员与环境的联系、互动中找到问题的根源。同时在分析求助者的问题及原因时,可以根据环境与个人关系的密切程度,首先从最密切的家庭环境开始分析,然后依次分析其人际交往环境、社区环境、社会整体环境等。此外,系统理论还提示社会工作者在实际工作中,应将刑满释放人员自己、其家人朋友、社区居民、社会组织、政府等都视为改变刑满释放人员现状的动力,以扩展社会工作的行动系统,更好地实现社会工作的目标。现在对刑满释放人员的关注主要集中在其自身的问题上,对就业形式也是采取先培训再就业的模式,往往忽略了社会情境。比如,基于社会歧视所带来的个人无经验的影响,也忽略了刑满释放人员自身的社会适应体验。从社会工作专业学科视角来看,系统视角最集中的呈现就是"人在环境中"的理念,它打破了之前单向性的因果关系,更强调人在系统中存在多元互动或互为因果的循环关系。刑满释放人员的社会适应就是在人与环境的互动中完成的,社会适应意味着刑满释放人员与系统间的互动,互动良性与否决定着社会适应的状态。这一视角促使人们从更广泛的社会情境中去理解刑满释放人员的问题,从而取得更好的助人效果。因此,尽管适应最后都指向了个体,但在"系统"视域下审视刑满释放人员的社会适应,还需要明确刑满释放人员的系统组成,系统之间的互动方式,以及系统互动之后的结果。就系统来

---

① 朱东武. 社会工作系统理论及其运用[J]. 华东理工大学学报(社会科学版), 2001 (1): 78—84.

看，可将人们所处的环境分为两个不同层次的系统，分别是非正式系统，如家庭、朋友、同事等；正式系统，如社区组织、医院、学校、社会福利机构等。案主自身还构成大系统中的一个子系统。这里系统不仅指面向刑满释放人员个体系统间的良性互动，也指刑满释放人员与外层的中观与宏观系统的良性互动，如图 2-1 所示。

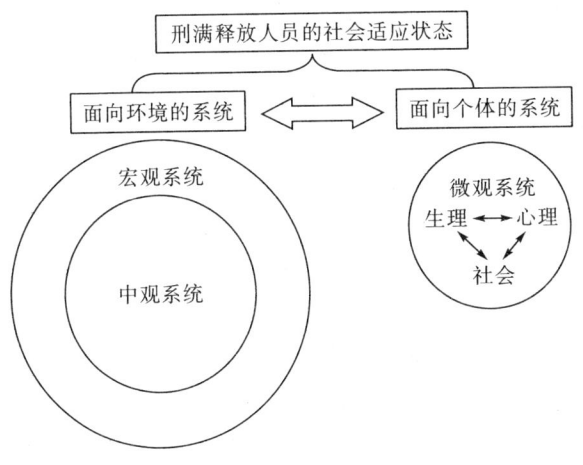

图 2-1 刑满释放人员的社会适应状态

针对刑满释放人员的社会适应可以从生态系统理论进行研究。生态系统理论源于贝特兰菲的一般系统理论和布朗芬布伦纳的生态环境说，后经许多社会工作学者的发展，成为分析复杂的人类互动本质的有用框架。该理论在 20 世纪 70 年代开始对社会工作产生大的影响，至今已成为最有影响力的理论之一[1]。目前，解释个体与环境互动最完整的学说是美国心理学家布朗芬布

---

[1] 杜景珍. 个案社会工作——理论、实务 [M]. 北京：知识产权出版社，2007.

伦纳（Urie Bronfenbrenner）在1974年提出的生态系统理论。1999年，他在整体观、场论、生态环境等成果基础上，将生态系统理论完善为目前大家熟悉的"过程－人－环境－时间（Process－Person－Context－Time）"的PPCT模型，即多层次立体发展系统模型[①]。此模型整合了更加全面的视角来探究发展过程，强调个体发展是在自身与活动经验发生交互作用的过程中，与所处环境进行循环互动的结果。生态系统理论强调发展个体嵌套于相互影响的一系列环境系统之中，在这些系统中系统与个体相互作用并影响着个体发展。它的主要观点：一是认为人生来就有与环境和其他人互动的能力；二是要理解个人就必须将其置于环境之中；三是个人的问题是生活过程中的问题，对个人问题的理解和判定也必须在其生存的环境中来进行[②]。在刑满释放人员的社会适应框架中，包括了面向个体的系统与面向环境系统之间的互动。其中面向个体的系统也可称之为微观系统，很多重要的交流都是在直接的、面对面的水平上发生的，这种交流组成了微观系统。对于刑满释放人员来说，微观系统是指一种生理、心理与社会的互动：生理和刑满释放人员的身体状况、生理年龄有着紧密的关系；心理和刑满释放人员的包括知情意的心理状态和人格相关；社会与刑满释放人员的能力及所扮演的角色有关，这三者的互动构成了微观系统的状态，这种互动状态更多建立在刑满释放人员的纵向生命历程基础之上。刑满释放人员的社会适应与其微观系统中生理、心理和社会之间的良性互动不无关系，如果一个已经有子女的刑满释放人员不具有扮演好父母的能力，则会出现适应不良的状态；如果一个处于婚龄的刑满释放人员身

---

① 谷禹，王玲，秦金亮.布朗芬布伦纳从襁褓走向成熟的人类发展观［J］.心理学探新，2012（2）：104—109.
② 刘杰，孟会敏.关于布郎芬布伦纳发展心理学生态系统理论［J］.中国健康心理学杂志，2009，17（2）：250—252.

体出现了严重的疾病则也会影响其社会适应；一个对社会环境有非理性认知的刑满释放人员必然也会影响他参与社会生活的进程。面向个体的系统构成了刑满释放人员作为社会适应主体的内在适应维度，刑满释放人员的社会适应不仅意味着主体与外在的适应过程，更要强调刑满释放人员个体的微观系统的内在适应，内在适应不良则意味着作为社会适应的主体出了"问题"，因此可以说，刑满释放人员的微观系统的互动是其社会适应的基础，为其开展适应性活动提供了主体性条件。

面向环境的系统包括中观系统和宏观系统。微观系统之间需要通过某种途径来相互关联、影响，这个系统就是中观系统。中观系统是指刑满释放人员直接能接触到的初级群体，如家庭、邻居、朋友、同辈群体以及单位同事等，它是生态系统中的第二层次。布朗芬布伦纳认为，微观系统之间存在着较强的支持性关系，那么发展则可能实现最优变化。例如，父母与儿童建立起安全、和谐的亲子关系时，儿童更可能形成较好的社会交往能力，在儿童中期和青少年期也易于被同伴接纳并建立起良好的、具有支持性的同伴关系[①]。环境系统结构最外层是宏观系统，它是个体发展所处的大的文化或亚文化环境，包含了特定文化中的意识形态、态度、道德观念、习俗和法律等。宏观系统实际上是一种广阔的意识形态，它并不能直接满足个体的需求，但是微观系统、中间系统和外层系统都嵌套于其中，并从宏观系统中获得支持[②]，比如群体规模更大一些的社会系统、社区、正式组织、社会制度、文化等。刑满释放人员作为适应主体，既要与作为环境的系统发生互动，更是在某种程度上"建构"着中观与宏观系统。进一步说，在互动过程中，环境系统有可能会有效地为刑满

---

① 苏彦捷. 发展心理学 [M]. 北京：高等教育出版社，2012：54-55.
② 苏彦捷. 发展心理学 [M]. 北京：高等教育出版社，2012：55

释放人员社会适应提供能量和支持,抑或成为其社会适应的障碍,当然这种支持或障碍都是建立在主体与环境互动的基础上,或者说这种支持和障碍是建立在主体间关系基础上的。刑满释放人员和环境之间虽然有着互动,且相互作用促成社会适应的发生与发展,但是刑满释放人员的个体力量始终弱于社会环境,因此在其适应过程中,面向环境的系统发挥着关键性的作用,如图2-2所示①。

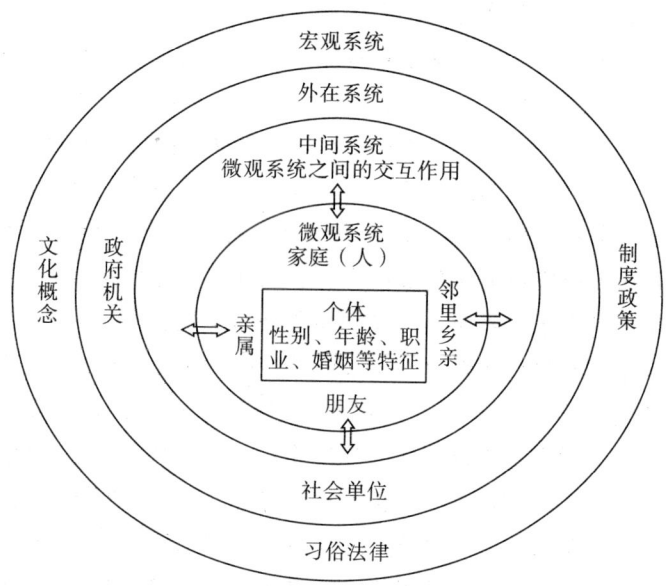

图 2-2 刑满释放人员的生态系统图

系统理论认为,系统必须从外在环境获得生存与成长所需的讯息与资源,以免毁减或死亡。如果环境的输入大于输出,那么系统将可以生存且在循环中成长;如果输入小于输出,那么系统

---

① 谷禹,王玲,秦金亮. 布朗芬布伦纳从襁褓走向成熟的人类发展观[J]. 心理学探新,2012(2):104-109.

将逐渐衰亡。以刑满释放人员为中心,将其就业历程视为一个循环系统,如果他想很好地进行社会适应,那么就必须从非正式系统、正式系统和社会系统中分别获得支持,且这些支持的总和必须大于刑满释放人员就业过程中的困难和阻力给其带来的消耗,这样的就业才能高效而稳定,否则就会陷入反复失业的过程。就此而言,刑满释放人员的社会适应就是增加社会支持、减少社会阻力两个方面。在面向个体的系统与面向环境的系统互动的过程中,刑满释放人员个体系统与环境系统发生互动就意味着社会适应的开始,在其互动过程中,基础性适应主体和关键性影响因素共同作用于适应过程,直接决定着社会适应的状态。这种观点不仅能够解释当前刑满释放人员的适应状态,更能说明造成适应不良的原因以及促成适应良好的对策。实际上,对于刑满释放人员来说,既要提高环境系统的支持,形成有利于其社会适应的外在环境;也要提高其由生理－心理－社会所构成的微观系统的各种能力,诸如认知能力、自主生活能力、职业能力和社会交往能力等;还要促成微观系统与环境系统之间的有效互动。就像研究中所指出的那样,外界的社会支持可以促成刑满释放人员公正世界信念的形成,进而帮助刑满释放人员提高其社会适应力[1]。在现实中,刑满释放人员作为特殊群体之一,往往其社会适应是在被动的状态下进行的。一方面,刑满释放人员由于其特殊背景,常常被社会环境所排斥,使其难以靠一己之力获得稳定的职业。另一方面,就业环境和就业单位对刑满释放人员的接纳程度是刑满释放人员能否稳定持续就业的关键因素。如何让刑满释放人员从被动适应走向主动适应和积极适应是实现其社会适应的关键,这不仅是围绕面向个体系统的工作,更是围绕面向环境系统的工

---

[1] 郭英,张梦柔.服刑人员社会支持与社会适应的关系:公正世界信念的中介作用[J].中国特殊教育,2016(10):71-77.

作。它需要创造一种良性的社会知觉，这个知觉是周边系统所给予的。刑满释放人员的被动适应更多来自"空间性"效应，它不仅是指在狱中"物理空间"的区隔——监狱的封闭性，更是意味着在出狱后的"社会空间"，即监狱经历的污名化，和社会环境所形成的排斥。促进刑满释放人员的社会适应是一项巨大的系统工程。将社会工作系统理论运用于该领域中，会带给社会工作者、社会组织和政府更多启示，为社会工作的开展提供更宽广的舞台。社会工作者介入刑满释放人员社会适应首先要意识到，刑满释放人员在社会适应的过程中遇到的许多问题不但与自身有关，更与家庭环境、社会环境密切相关。因此，帮助刑满释放人员融入社会是政府和社会的共同责任。其次，社会工作的着眼点一方面是个人，另一方面是与个人相关的各类系统。刑满释放人员的生活处境往往受到家人、朋友、社区等环境的影响，因此社会工作者只有将与之有关的人或系统作为目标系统去加以改变和影响，才能从根本上达到改变服务对象的目的。最后，社会工作者要从与刑满释放人员相关的整个系统出发，更深层次、更全面地分析问题、解决问题。同时，刑满释放人员与各个系统之间的关系是不断变化的，因此社会工作者必须对他们与环境的关系做出实时评估，以随时调整行动计划。刑满释放人员的社会适应问题从表面看是其个人自身的发展问题，而隐藏在背后的却是家庭和社会的发展问题，是社会和谐发展问题，是社会稳定、公平正义和国家安全问题。解决好这部分群体的社会适应事关我国的社会建设、社会稳定发展的大局。如果刑满释放人员不能与社区居民和谐相处，不能适应社区环境、融入社会发展，将会影响社会的稳定和社会公平正义的维护。

二、"生命历程"视角下刑满释放人员的社会适应

在社会工作学科中,如果说生态系统理论从横向阐释了人与环境的互动,生命历程理论则从纵向说明了人与环境的关系。生命历程理论首先是由社会学的芝加哥学派创立的,代表人物是托马斯(Thomas)、兹纳尼茨基(Znaniecki)等,20 世纪 60 年代后,又由雷德尔(Noman Ryder)、里雷伊(Mati lda Riley)、林顿(Linton)、斯通(John Stone)等将之全面复兴。尽管它是一种发展得不是很完善的理论,但是却极其鲜明地反映了强烈的社会变迁对个人社会生活的显著影响。美国社会学家埃尔德是生命历程理论的主要代表之一。他在《经济大衰退中的孩子们》(*Children of the Great Depression*)中讲到,所谓生命历程是指在人的一生中随着时间变化而出现的,受到文化和社会变迁影响的逐级年龄角色和生命事件序列。生命历程由两部分组成:一是生命轨迹,由一系列相对稳定、较为平滑、沿着一定轨迹和方向发展的生活状态组成;一是转折点,这些转折点把不同的生活状态连接在一起[①]。生命历程理论的核心是对多元时间、生命轨迹和重要他人与时间的关注。多元时间观认为,不仅仅存在日历时间这一概念,更存在生命时间、社会时间、历史时间的说法[②]。所谓生命历程大体是指在人的一生中随着时间变化而出现的受到文化和社会变迁影响的年龄及角色和生命时间序列,它关注的是人生经历、时间选择以及构成个人发展路径的阶段或事件的先后顺序,如图 2-3 所示。

---

① 陈晓进. 生命历程理论:个体犯罪行为的持续和变迁 [C]. 北京:中国人民大学出版社, 2008:42-59.

② 包蕾萍. 生命历程理论的时间观探析 [J]. 社会学研究, 2005 (4):120-133.

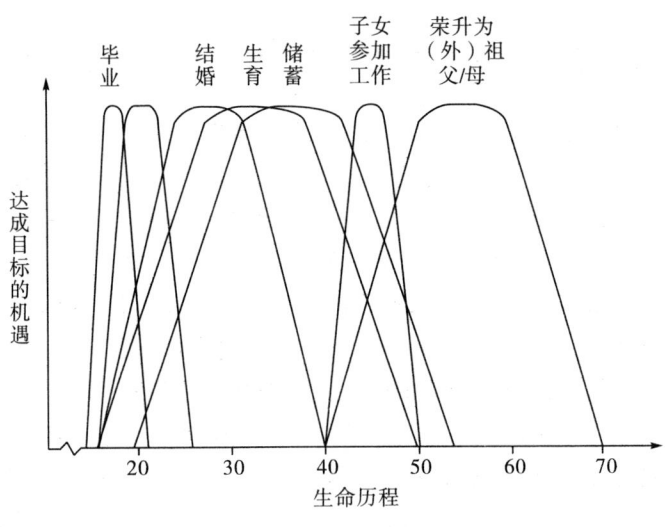

图 2—3 生命历程

生命时间包含三个基本的年龄概念,即日历年龄、生物年龄和心理年龄。日历年龄是通常意义上的时间概念,经常用"岁数"来表达。生物年龄代表着生命个体的生理发展和身体健康的状态,一般与岁数相一致,但也可能会出现例外状况,如由于牢狱之灾最后形成身体提前衰老。心理年龄表现出行为和知觉两个基本层面,在行为上,主要围绕"流体智力"而形成各种能力之和;在知觉上,主要是个体对自己年龄的认知。社会时间是指社会期待在特定年龄阶段扮演的特定角色,如我们所认为的成人期、学龄期、婚龄期、生育期等,这一时间是通过社会规范和标准所表现的,其中"年龄越轨"则说明了个体违背了特定年龄所要求的特定行为。历史时间则强调个体共同所处的历史时代,经常以历史事件为背景考察时间。生命历程理论就是试图综合多元时间概念,来考察个体生物心理发展、重大历史事件和社会发展变迁对个体行为的深刻影响。首先,不同的宏观社会制度与社会环境,会影响刑满释放人员社会适应。社会环境对人的影响和作用，会通过各种方式显现出来。刑满释放人员被放置于特定的宏观社会制度与环境后，逐渐由封闭监狱里的自然人向社会人转变，这一适应过程即为刑满释放人员的社会化。在这个过程中，个体的生命历程会与宏观的社会制度、社会结构、社会环境发生关联，人一生的生命时间所构成的序列化组合方式，将完成个体社会化的进程。比如刑满释放人员的就业与社会保障，与国家的就业政策和社会保障体系存在很大关联。刑满释放人员出狱后能否得到有效的就业指导服务和就业岗位信息，刑满释放人员从事个体经营能否享受有关税收优惠政策，刑满释放人员的职业技能教育培训如何获取等，都体现了宏观的社会政策对刑满释放人员社会适应的影响。其次，刑满释放人员的社会适应还与家庭生命周期同步。埃尔德强调，个体的生活机会往往取决于个体及其家庭在社会结构中的位置。社会结构相对固化，个体所拥有的生活机会就会相对有限。如在刑满释放人员中存在离异家庭，这意味着家庭生命周期的中断，可能给其童年带来阴影，使其成为受害者，可能会影响他们的生活和学习，甚至导致其走上犯罪道路。刑满释放人员回归家庭后，破碎的家庭结构，家庭成员间紧张的人际关系尤其是与父母的严重冲突及亲子间的沟通障碍、家庭成员自身的行为偏差，都对刑满释放人员的社会适应有不同程度的影响。托马斯开创的社会解组理论认为，完整的社会结构、家庭结构、良好的社会秩序、稳定的社会环境，以及和谐融洽的人际关系，有利于人们遵纪守法；反之，动乱的社会环境、破碎的家庭结构和充满矛盾的人际关系会使人们失范或犯罪。

所谓生命历程，用埃尔德的话说就是"个体在一生中会不断扮演的社会规定的角色和事件，这些角色或事件的顺序是按年龄层级排列的"。显然，这是一种基于个体水平的定义。但埃尔德同时也认为年龄成长和死亡这些生物意义在生命历程中是由社会建构的，年龄层级表达的也是一种社会期望（Elder，1998）。生命历程理论极力寻找的是一种个体与社会的结合点，它试图找到一种将生命的个体意义与社会意义相联系的方式，而时间维度是寻找这种联结的重要方向。对于刑满释放人员社会适应及其过程来说，"时间"也是影响其适应的最为重要的变量。生命时间体现的是日历、生物、心理年龄的交融，刑满释放人员的身心健康，则影响着出狱后的生活状态，在这三个时间里，后两个时间和外在的环境有着重要的关联。在个人生命历程中，轨迹、转变、延续这三个时间性的概念都涉及个体生命历程动力的长期或短期观。轨迹指毕生发展中的某一实质上相联系的社会或心理状态，这种具有跨时间性的倾向或行为模式可能转变，也可能持续，所以，轨迹实质上是一种长期概念。在个体身上，轨迹可以表现为某种延续很长时间的社会角色。刑满释放人员在监禁前、监禁中、出狱后都扮演着一定的社会角色，如子女、父母、下属或领导等。当然这样的社会角色也会因为一些原因产生转变。刑满释放人员入狱后失去工作，由独立的自我生存转变为监狱依赖发展，或心情由开心转变为忧郁等。以入狱为转折点，个人的生命历程发生了方向性的变化，角色也相应地建立或丧失。延续是指相邻的转变之间的时间跨度。延续的时间越长可能导致相应行为的稳定上升。刑满释放人员入狱后，这种延续被中断，如本身所持续的婚姻关系因为入狱被打断，出狱后也许婚姻关系破裂，对刑满释放人员缺少家庭情感支持，稳定性变差。从纵向方面来说，也有刑满释放人员在重新进入婚姻状态后，由于妻子的影响改变了以往的失范行为。所以，在做横向研究时，不能简单地将问题归因到社会、家庭、环境上，还应结合转变点所处的个人生命时间位置，来综合评价和解释某一行为的原因。在相对封闭的监狱生活中，刑满释放人员的原有生活被打乱，规训式的生活步骤和封闭式的交往环境对其身心发展定会有影响，即使现有很多文献或现实都证明这样的生活对刑满释放人员的改造和社会化是有帮助的，但带来的负面效应仍旧存在，刑满释放人员的生命时间内部可能会出现不平衡的状态，如过早地衰老、对自我年龄的错误认知，以及和年龄不相符合的心理状态，等等，这些定会影响其出狱后社会适应的过程。社会时间对刑满释放人员的意义更为重大。

在三个时间概念中，社会时间指个人扮演特定角色的恰当时间，如一个人的家庭成长会经历就业离家、结婚、生育的恰当年龄。社会文化对个人在家庭中的每个年龄所扮演的角色都有影响，这与个体发展的生命时间密切联系。从广义上来讲，正是由于个体没有在生命的恰当时间扮演特定角色才导致了犯罪，如青少年阶段应该是完成自我同一性的关键时期，但出现了偷盗和抢劫行为，当然这是对犯罪原因的解释与描述。对刑满释放人员的社会适应来说，社会时间也提供了强有力的解释，由于监狱生活尤其是长时间的监狱生活使刑满释放人员在特定年龄错过了扮演特定角色的机会，如学习、结婚、生子等，这种错过对服刑人员来说可能没有太大影响，但一旦刑满释放人员出狱，则意味着他或她要面临社会规范所期待的"社会时间"，如果没有完成，其生活就会受到影响，而且出狱经历也会影响其社会时间的完成。社会的需要与个人的生命历程轨迹没有相结合，会对刑满释放人员的未来发展产生不良影响，这就需要从微观上和宏观上进行调控。在微观上，调控者可能是刑满释放人员的朋友、领导或者是父母，在刑满释放人员出狱后给予积极的关怀和支持。在宏观上调控者是国家或者政府，如通过出台相关的政策法规来促进刑满释放人员再就业。这样才能帮助刑满释放人员符合一定的社会规范，才能保证整个社会发展的和谐与稳定。

就历史时间来讲，强调把个人置于一定的历史情境中，主要体现在重要事件和重要他人上。入狱以及出狱对大部分刑满释放人员来说，都是人生中的重要事件，它会影响个体的生命轨迹。

生命历程理论认为，生活事件本身并不能直接形成转折点，促成个体生命轨迹的改变，其发生的节点和突变才是个体生命轨迹发生改变的重要原因。就如对惯犯来说，进入监狱虽然是生活事件，但对他们来说已经成为"平常"的事情，很难对其生活形成改变，因此监狱系统要做的是，让进入监狱成为"重要事件"，进而对他们形成影响。对于出狱人来说，则与之相反，服刑时间较短的出狱人其社会适应进度较快，"出狱"所带来变化较大的出狱人的社会适应则显得困难。因此对监狱系统来说，尽量减轻"出狱"事件给刑满释放人员带来的实质变动，如在现实中形成的过渡社区、中途社区等，都旨在减轻空间突变给刑满释放人员带来的影响。

总而言之，监禁前、监禁中、出狱后构成了刑满释放人员生命历程的关键环节，要善于运用生命历程理论的观点，即要促进犯罪者的改造工作，使得收监成为重要的生活事件进而成为转折点，促使其生命轨迹向正向发展。在监禁中，不仅要注意其思想的改造工作，更要实现其生理、心理与日历年龄的一致协调发展，确保身心健康以应对个体生命时间的需要。同时，要尽可能减轻出狱环节对服刑人员的影响和带来的空间突变，使得其生命轨迹中的生活事件增至为监禁前、监禁中、出狱前、出狱后，突出"出狱前"关键事件的作用，使得出狱前和出狱后得到有效衔接，进而防止"出狱"作为重要生活事件的负面效应，增进刑满释放人员的社会适应。正如学者 Christy 所认为的那样，出狱人不仅仅是经监狱阶段性改造的产品，出狱人社会适应的过程是受其人生经历、需求、技能、价值观念、社会关系、社区生活环境、国家刑事司法政策及其他政策等多重因素共同建构的，因此要综合考察出狱人监禁前、监禁中、出狱后的个人特质及环境因素是如何影响其适应过程的，只有充分地掌握过程中的相关机理,才能从时间脉络上把握刑满释放人员的社会适应①。

第三节 内涵与外延:刑满释放人员社会适应的社会工作意涵

社会适应来自达尔文的生命进化理论,它是指生命体的行为和方式随着环境状态改变,其与之协调同步的改变过程。在现阶段,适应性已经不单纯指生物、环境等内容,它还包括了认知、行为和社交互动等心理方面的内容。生命个体在面对所处环境不断改变的情况下,可以通过自身认知行为的改变,尽可能地克服在所处环境中的困难局面,并且能够获得生存和发展的机会。

刑满释放人员的社会适应性问题,就是遭遇环境突发事件的时候,能否运用自身认知,对自身的行为进行相应的调整和改善。这种改善除了自身的努力外,还需要外界的支持,社会工作者就是其中之一。从职业目标来看,社会工作职业就是借助人类行为与社会环境的相关知识及理论,促进社会变迁与人类关系的融洽,通过"干预与改变"追求人类的福祉。社会工作本质是一种助人自助的活动,通过专业社会工作方法回应个人、群体、社区的问题与需要。目前政府出台了相应的政策,解决了刑满释放人员面临的一些问题,但现实与理想状态仍有距离,同时刑满释放人员的需求也在逐渐提高。但是,由于目前的政策以及社会排斥行为,刑满释放人员在满足这些需要时面临一些问题,这就需要社会工作者从社会工作专业视角,运用社会工作专业方法帮助其解决面临的问题。社会工作者应在了解刑满释放人员如何与其

---

① Christy A. Visher, Jeremy Travis,. Transitions from Prison to Community: Understanding Individual Pathways [J]. Annual Review of Sociology, 2003 (29).

所处社会环境互动的基础上,帮助其在自我认知、意义定义、行动策略、沟通方式等方面进行反思并促使其产生改变,之后再通过为刑满释放人员构建全新的社会互动环境来帮助他们改变原有的偏差行为。

刑满释放人员社会适应的社会工作介入就是在专业价值下,对与刑满释放人员相关的系统进行识别与干预,促进系统的改变进而形成有利于实现刑满释放人员与外在环境的良性互动的条件和能量,最终增进刑满释放人员的福利。张昱等指出社会适应绝非仅仅是通过系统地干预阻止刑满释放人员重新犯罪的过程,而是"出狱人在与社会环境交互作用的过程中,不断调整自己的认知、态度和行为,处理日常生活难题并有效完成任务,承担起社会职责,成为守法公民的过程"①。

一些学者运用社会工作的专业理论和研究方法从不同的角度对刑满释放人员这个群体进行了研究。西方学者保罗·皮亚杰、格赛尔、西格蒙德·弗洛伊德、安娜·弗洛伊德、阿尔伯特·班杜拉等人的著作,分别从认知理论、生物学理论、社会学习理论、精神分析理论、人类学理论、心理社会理论、社会生态系统理论等方面为刑满释放人员的社会工作介入奠定了坚实的理论基础。结合其观点,本研究认为,刑满释放人员的社会适应是建立在面向个体的系统与面向环境系统的有效互动基础上,这种互动可以有效回应刑满释放人员在具体的、正常化的社会生活中作为一般公民的需要。也就是说,刑满释放人员的社会适应目标不仅仅指向不犯罪或成为守法公民,还指向维持和增加其良好的生活状态。可以看出,在社会工作学科中把握刑满释放人员的社会适应概念,应该从需要和系统等理论去理解。

---

① 高梅书,张昱. 国外出狱人社会适应研究及对当代中国的启示[J]. 华东理工大学学报(社会科学版),2013(1):32—43.

首先要说明的是，社会适应并非是个体的需要，而是满足个体需要的过程，通过社会适应，可以满足刑满释放人员在正常化的社会环境中作为一般公民的需要，即说明社会适应良好，反之则出现适应不良。因此，要考察其社会适应状态，就要看其作为一般公民的需要是否得到有效满足。对于个体来说，既可以将其需要理解为生理的需要、安全的需要、人际关系的需要、尊重的需要和自我实现的需要，也可以理解为生存的需要、关系的需要和成长的需要等，这些需要的满足与否则说明了刑满释放人员社会适应的状态。前文所述的"阻止重新犯罪"和"成为守法公民"都是从社会角度来定义刑满释放人员社会适应过程的，忽略了社会适应中刑满释放人员的主体性，主体性需要的满足才是社会适应的根本指向。多依和高夫将需要分为基本需要（包括健康与自主）和中介需要①，更能帮助我们理解刑满释放人员社会适应的过程。可以这样解释，刑满释放人员重新犯罪或者不守法，是源于其基本需要的不能满足或者中介需要难以满足其基本需要。对刑满释放人员的研究更应注重其狱中经历与出狱后社会适应存在的一种连续关系，刑满释放人员在新旧认同更迭中存在一种漂泊状态。肖立尧以社会认同二维模式（评价—关系）为分析视角，解析了社会认同塑造过程，从地位认同、身份认同、自我范畴化几方面，了解个体的社会认同与社会适应过程是怎样相互影响构建的②。徐晓婧在《论犯罪再社会化》一文中提出"教育改造服刑人员必须强化罪犯的主动意识，从调动罪犯的改造积极性入手，使罪犯在思想上形成由强迫性'要我改造'向自主性

---

① 彭华民. 社会福利与需要满足 [M]. 北京：社会科学文献出版社，2008.
② 肖立尧. 社会认同二维模式视域下刑满释放人员出狱前后的适应研究——以L市刑释人员S为例 [J]. 法制与社会，2017（22）：153－155.

'我要改造'转变"①。连春亮在《论对服刑人员的再社会化》中强调自律性管理,他认为自律性管理主要表现为通过激励服刑人员改造,从而促使服刑人员弃恶从善②。

  随着社会经济的快速发展,社会发生着日新月异的变化,包括刑满释放人员在内的所有人,他们的思想、观念、生活都随之在发生变化。刑满释放人员是一个关乎社会和谐、稳定、安全的特殊群体,对其妥善安置和使其更好地适应社会是构建和谐社会的一个重要方面。社会工作作为独立于政府行政力量之外的又一社会力量着力于满足不同人群的生活和精神方面的需要,进而维系社会整体运行的良性发展。社会工作力图保障个人生活,促进社会和谐,填补家庭、社会制度的缺失和不足,调节社会矛盾不均,有利于社会良性运行,把帮助有困难的社会成员当作社会工作的基本着力点。当刑满释放人员在社会适应的过程中出现了融入困境,便可积极寻求专业社会工作者的帮助。社会工作者通过开展家庭关系沟通、就业等培训,协助刑满释放人员解决困境,并提高其抵抗风险的能力。社会适应的最终指向就是不断维持和增进刑满释放人员的生活福利,使其在与系统互动中,满足自身需要,达到一个良好的生活状态。当然,由于需要具有层次性,意味着社会适应是一个循序渐进的过程,可能首先着力于基本需要的满足,再着力于发展性需要的满足。促进刑满释放人员的社会适应就是试图对系统互动进行干预,不断满足其需要的过程。当然,这里不仅仅指对外界环境系统的干预,也指对个体内在系统的干预,更包括对个体内在系统与外界环境系统的互动方式与关系的干预。在此理解基础上,可以将社会适应划分为社会身份

---

① 徐晓婧. 论罪犯再社会化 [J]. 淮南职业技术学院学报,2008 (2): 108-111.
② 连春亮. 论对罪犯的再社会化 [J]. 许昌学院学报,2004 (3): 8-10.

适应、婚姻与家庭适应、职业适应、社会交往适应四个层面，其中身份适应指向了面向个体的微观系统，后三者则指向了面向环境的系统，以及个体与环境互动的方式。

第三章　刑满释放人员社会适应的现状及困境

刑满释放人员处境的特殊性决定了其社会适应的复杂性，进而又使得其在适应过程中容易陷入多重困境，在社会工作学科视角下，这种复杂性局面和多重性困境是"系统"的集中呈现。从整体视角来看，刑满释放人员的社会适应或者社会回归并非仅仅是生计上的适应，其需要是多层次的，其发展是全面的，其适应是全貌的。因此，要理解和阐释刑满释放人员的社会适应，应从需要和系统理论入手，即从基本需要到发展需要的满足，从微观系统到宏观系统互动来理解。本章即在调查资料的基础上，从不同层面考察刑满释放人员的社会适应现状和困境，并围绕社会工作中的问题视角和优势视角对其适应困境进行讨论。

第一节　自我边缘和认知固化：刑满释放人员的身份适应

身份不管是对群体还是个体都是一个很重要的概念，它的原意是指内在的统一、协调和持续[1]。对个体来说，身份关注的是

---

[1] Peter Straffon & Nicky Hayes. A Student's Dictionary of Psychology [Z]. Edward Arnold, 1988: 87.

一个人社会特质和心理特质在一段持续时间内的确定性、统一性和稳定性①。就如"自我概念"和"自我统一性"概念一样，它既具有客观性更具有主观性的特征，也就是说，对于一个人的身份，它是特定的社会环境所塑造的，受到各项社会运行机制的影响。但与此同时，身份又是在一系列的自我体验、自我控制和自我评价中形成的，这种体验、控制和评价一般是在特定的社会群体中、一定的社会场域中，在主观性的自我归类基础上形成的②。因此，与其说是个体身份还不如说是个体社会身份，更能凸显身份的个体性和社会性特征，更能呈现其系统性、发展性和持续性特征。在社会工作框架下，身份存在于一个人的生命历程中，转变、持续和轨迹构成了一个人的生命历程，转折点的事件会影响到人的身份转换，在转换过程中非常容易出现适应不良的状态。而"入狱"和"出狱"对刑满释放人员来说都是非常重要的"转折点"，尽管这些转折点具有非常重要的社会意义，但刑满释放人员对"入狱"和"出狱"，尤其是"出狱"的主观感受很大程度上影响了其"身份适应"。

　　同样，构成身份的一系列自我观点是个体在社会情境中通过自我分类或认同获得的③。它既强调自我的感知、体验和评价，也强调社会环境，社会环境的客观性使得社会身份适应被强调，所以刑满释放人员的社会适应可以被看作是一种群体的身份适应。在回归过程中，刑满释放人员会逐渐"融入"一般公民群体中，如果能逐渐融入并形成良性的自我感知，那么良好适应应该

---

　　① 钱超英. 身份概念与身份意识［J］. 深圳大学学报（人文社会科学版），2000（2）：89－94.
　　② 徐科朋，等. 社会身份重要性和社会认同对群体参照效应的影响［J］. 心理科学，2014，37（6）：1438－1443.
　　③ 吴小勇，黄希庭，毕重增，苟娜. 身份及其相关研究进展［J］. 西南大学学报（社会科学版），2008（3）：8－13.

能够达成；反之，会形成以自我感知为基础的"内群体"和一般公民的"外群体"，这样就会出现适应不良的局面。所以，身份是源于社会并存在于社会情境之中的。刑满释放人员社会适应的前提和基础就是微观系统的均衡，即指生理、心理与社会的平衡。社会身份适应，即刑满释放人员对自己生理、心理和社会，尤其是心理与社会情况的一种认同状态，属于微观系统的序列。作为一种微观社会学理论，社会身份理论解决了与人们在群体中的成员关系相连的身份的结构问题和功能问题，意味着与社会环境之间的互动，表现为面向个体的微观系统与社会环境之间的心理距离和归属感，通过社会身份适应，可以满足刑满释放人员社会存在和安全的基本需要，也可满足其归属与爱及尊重的需要。

如果刑满释放人员认为自己的社会地位与普通社会成员接近，身份体验和身份想象倾向于正面积极，则表明他们从心理上基本实现社会适应；如果刑满释放人员无法从心理上摆脱自己"罪犯"的标签，在社会身份构建上，持续地将"罪犯"作为接纳和排斥原则的主要归因，身份想象倾向于负面低价值，对当前现状进入固化思维的判断，认为没有改变的可能，将"永远"地无法摆脱历史，而选择刻意封闭自己，主动与社会隔离，认为自己和主流社会格格不入甚至被主流社会抛弃，则说明其未能实现社会心理层面的身份适应。身份体验的极其复杂性，在微观生态系统中的人际网络，对刑满释放人员恢复社会适应、重建社会功能起到至关重要的作用。社会适应是对刑满释放人员在正常化环境中作为一般公民需要的回应，但是在现实中，刑满释放人员自身认知偏差和社会偏见等原因，使得他们并不能顺利促成微观系统的均衡互动，进而影响其社会身份的适应。

一、心理自卑和自我认知边缘化

空间具有排他性的边界,刑满释放人员从封闭的监狱空间走向开放的社会空间,意味着生活世界的改变,空间转换的过程中,刑满释放人员也需要不断地归属和自我归属。出狱已经构成重要生活事件并对其生命轨迹产生影响,刑满释放人员对自身的心理状态和应对空间环境变化能力的不认可,以及在正常化的社会环境中处处碰壁,负向反馈对其自尊水平带来的损害,导致了刑满释放人员的自卑心理。这种自卑心理的形成与刑满释放人员的认知过程相关,刑满释放人员出狱后不是通过社会来定位自己,而是通过自己观察社会,在非有效互动层面上来界定自己。换句话说,是建立在一种非理性认知的基础上对自我身份的一种界定,这种界定很容易把自己排斥在正常社会之外,仍旧以一种"犯罪人员"或"改造人员"的身份进行自我归类,认为自己作为一般公民的能力不足,进而使得微观系统良性互动受阻。而微观系统的不均衡互动,最终形成自我认知的边缘化,将自己排除在一般公民之外,进而导致了社会适应不良状态的产生。此外,刑满释放人员将出狱后和监禁前的生活和地位做比较,会出现较大的心理落差,最终导致其自我封闭,这也是自我认知边缘化的原因之一[①]。

根据生命历程理论,解释刑满释放人员对在回归社会过程中遭遇的事件所带来的适应变化:一方面,刑满释放人员由于违反社会规范而受到监禁,传统的监禁是身体和心理的双重惩罚,他们回归社会后可能面临着收入水平和社会地位的低下,加之缺乏社会参与引发的孤立感,难免使得他们的自尊心和自信心受到打

---

① 王志强. 对刑满释放人员回归社会状态的分析[J]. 江苏警官学院学报, 2004 (6): 34—39.

击，造成不同程度的心理困扰，在社会心理的重塑中具有边缘性。这种边缘感和被排斥感很容易形成"被剥夺心理""受偏见心理""镜中边缘人心理"，在经历精神苦闷和情感孤独的过程中，缺少必要的心理调适功能，最终导致他们自我认知的边缘化。另一方面，社会环境正在发生着快速的变化，当处于相对封闭状态的刑满释放人员重新回归社会时，很可能与快速发展的外界社会环境脱节，面临着身份转换的身心混乱状态，需要进行自我身份调适和身份建构。如果收到的负面反馈较多，造成对身份的损伤，则容易陷入危机情境中，对全新的环境无法适应。这无疑会增加其社会疏离感以及对自身社会身份的否定，进而强化其自我认知的边缘化倾向。

"不太敢主动和原来的亲戚朋友来往。担心人家说闲话，成天躲在家里，偶尔出去也感觉别人在对我指指点点。我是有前科的人，总担心别人把我当犯人看，不愿意和我来往，瞧不起我。"（访谈个案1）

"刚出来的时候感觉没什么希望，悲观、火气大，做什么都不顺，什么也不想做，一天不知道干啥，到现在都不知道怎么过来的，反正混生活嘛……也没什么要求，我对生活还能有啥要求，现在只求有事做能吃口饭就行了。"（访谈个案2）

"其实心里还是觉得低人一等，毕竟是犯过错误的人，所以出狱后，就得勤快点才比较好找事做。靠自己，不怎么和人联系。……我的原则就是干好自己的，就越来越好吧，但有时候心理还是不平衡，凭什么我干得多，还不受待见，但是想想自己是什么人，也就不争那些了，能过去就行。"（访谈个案4）

"当年被认为是小混子呗，现在出来了大家还是这么看我。出来以后当时觉得挺牛的，但是随着老爹去世，老妈生病就感觉不能再这样混日子了，也混不下去，生活压力大得很……现在努力

一、心理自卑和自我认知边缘化

空间具有排他性的边界,刑满释放人员从封闭的监狱空间走向开放的社会空间,意味着生活世界的改变,空间转换的过程中,刑满释放人员也需要不断地归属和自我归属。出狱已经构成重要生活事件并对其生命轨迹产生影响,刑满释放人员对自身的心理状态和应对空间环境变化能力的不认可,以及在正常化的社会环境中处处碰壁,负向反馈对其自尊水平带来的损害,导致了刑满释放人员的自卑心理。这种自卑心理的形成与刑满释放人员的认知过程相关,刑满释放人员出狱后不是通过社会来定位自己,而是通过自己观察社会,在非有效互动层面上来界定自己。换句话说,是建立在一种非理性认知的基础上对自我身份的一种界定,这种界定很容易把自己排斥在正常社会之外,仍旧以一种"犯罪人员"或"改造人员"的身份进行自我归类,认为自己作为一般公民的能力不足,进而使得微观系统良性互动受阻。而微观系统的不均衡互动,最终形成自我认知的边缘化,将自己排除在一般公民之外,进而导致了社会适应不良状态的产生。此外,刑满释放人员将出狱后和监禁前的生活和地位做比较,会出现较大的心理落差,最终导致其自我封闭,这也是自我认知边缘化的原因之一[①]。

根据生命历程理论,解释刑满释放人员对在回归社会过程中遭遇的事件所带来的适应变化:一方面,刑满释放人员由于违反社会规范而受到监禁,传统的监禁是身体和心理的双重惩罚,他们回归社会后可能面临着收入水平和社会地位的低下,加之缺乏社会参与引发的孤立感,难免使得他们的自尊心和自信心受到打

---

① 王志强. 对刑满释放人员回归社会状态的分析[J]. 江苏警官学院学报, 2004(6): 34-39.

击，造成不同程度的心理困扰，在社会心理的重塑中具有边缘性。这种边缘感和被排斥感很容易形成"被剥夺心理""受偏见心理""镜中边缘人心理"，在经历精神苦闷和情感孤独的过程中，缺少必要的心理调适功能，最终导致他们自我认知的边缘化。另一方面，社会环境正在发生着快速的变化，当处于相对封闭状态的刑满释放人员重新回归社会时，很可能与快速发展的外界社会环境脱节，面临着身份转换的身心混乱状态，需要进行自我身份调适和身份建构。如果收到的负面反馈较多，造成对身份的损伤，则容易陷入危机情境中，对全新的环境无法适应。这无疑会增加其社会疏离感以及对自身社会身份的否定，进而强化其自我认知的边缘化倾向。

"不太敢主动和原来的亲戚朋友来往。担心人家说闲话，成天躲在家里，偶尔出去也感觉别人在对我指指点点。我是有前科的人，总担心别人把我当犯人看，不愿意和我来往，瞧不起我。"（访谈个案1）

"刚出来的时候感觉没什么希望，悲观、火气大，做什么都不顺，什么也不想做，一天不知道干啥，到现在都不知道怎么过来的，反正混生活嘛……也没什么要求，我对生活还能有啥要求，现在只求有事做能吃口饭就行了。"（访谈个案2）

"其实心里还是觉得低人一等，毕竟是犯过错误的人，所以出狱后，就得勤快点才比较好找事做。靠自己，不怎么和人联系。……我的原则就是干好自己的，就越来越好吧，但有时候心理还是不平衡，凭什么我干得多，还不受待见，但是想想自己是什么人，也就不争那些了，能过去就行。"（访谈个案4）

"当年被认为是小混子呗，现在出来了大家还是这么看我。出来以后当时觉得挺牛的，但是随着老爹去世，老妈生病就感觉不能再这样混日子了，也混不下去，生活压力大得很……现在努力

做事了，找到活路也不容易，好多人帮忙，政府帮助得多，也觉得过意不去。自己心里还是苦，一辈子就这样了。"（访谈个案6）

实际上，心理自卑感、从外部环境的反馈中的歧视感，逐渐被刑满释放人员内化为较低的自我价值感、羞耻感和窘迫感。"认为自己是犯过错误的人""其他人那样看我是应该的""这样子生活我该受"，等等，这样的主观罪犯标签成为对其自我长久否定的客观环境依据，心理自卑感逐渐形成自我污名化。所以，在这一层面，与其说污名化是来自社会的刻板印象、偏见和歧视，还不如说是来自心理自卑带来的自我刻板印象、偏见和歧视，以及在社会互动中形成的负向认知与消极体验。这种自我认知边缘化困境指向了面向个体的微观系统，正是刑满释放人员在封闭化的环境中所形成的认知基础上，对发展的社会环境产生的非理性认知，最终导致了社会身份适应不良，而这一适应困境可以总结为心理系统困境。

二、认同正向的主流文化但社会归属感不强

在刑满释放人员的社会身份适应上面，不仅指面向微观系统中社会（能力）和心理（认知）二者之间的互动，也意味着微观系统与外在环境系统的互动。在互动过程中，刑满释放人员满足着自己归属与爱和尊重的需要，也满足自主参与社会生活的需要。在满足需要的过程中，首先要做的是对正常化环境以及正常化环境对一般公民需要的理解，其次才是回应自己如何完成向一般公民过渡。在研究中发现，个案均认同当前的主流文化，渴望像别人一样能够正常化自主性地生活，也表示能够在现有的社会秩序与规范下生活。但是，在其与社会环境的互动中，由于处在封闭监狱环境中形成的改造成果与现实环境的社会出现脱节，在其试图参与社会环境的过程中受到了其他群体的"不理解"或

"排斥"，原有社会地位的丧失以及空间的隔离感被视为"无形的惩罚"，使得刑满释放人员出现认知混乱，一方面认同了正向的价值，另一方面，正向的价值在现实中难于完全被认可。这种混乱最终导致刑满释放人员被社会所抛弃，导致其社会归属感不强。

"开始吧，领着小弟收点钱什么的觉得挺厉害的，现在觉得都是一样的。最后落得这样的结果，最终被社会抛弃。我现在不像以前那样了，但越努力，越觉得傻，就像那个电视上的傻根儿一样。"（访谈个案7）

"我觉得自己是对社会有贡献的人吧。但是别人不会这么看我，进去过的人，很多时候感觉社会上很多东西不属于我们这类人了。……就是从监狱里出来的，我们也不常联系，但我们知道，我们和一般人不一样。"（访谈个案3）

"现在想想原来做的都是什么呀，想改，想好好生活，但现在好像与社会格格不入，干什么都干不成似的，总觉得自己不是这个社会的。有时候我都在想，还不如一直待在里面……就是适应不了，万事都求人，自己不懂，又不想看人脸色。有人帮忙，帮太久了自己又不好意思，咋个活都不知道了。"（访谈个案5）

"以前做的事确实伤人心，对父母不孝，现在出来，想做点好事，也参加一些义务活动，做了些志愿性工作，但总觉得和别人不是一路人，参与不进去……释怀不了，这个身份是一辈子的事情。"（访谈个案10）

调查访谈也印证了这一观点，即刑满释放人员普遍认同正向的社会文化，这在某种程度上肯定了当前监狱系统的改造效果，社会文化会通过社会认同和纽带认同对共同行为意向产生作用。刑满释放人员对社会归属感不强，说明了在其社会适应过程中对外在环境的估计不够、参与不足、认知不清，最终导致了对自身身份的重新定位，即我不属于"这个社会"的结论。刑满释放人员对社会正向的认可程度，可以帮助我们全面地了解刑满释放人员的生存和生活状况，从刑满释放人员的生活经历和内心诉求来理解刑满释放人员社会身份的重构、整个群体的运行及与其他群体的互动，此重构过程将成为刑满释放人员是否社会化、是否良好融入的决定性过程。与第一点相比较，刑满释放人员已经积极地走出了第一步，即通过监狱改造对社会形成了正向的价值观，也认识到自身行为的不足。但是，正是由于其封闭环境中所进行的改造活动具有一定的模拟性特点，缺少了与现实环境的互动，一切改造工作都是建立在对"理想状态"的基本假设基础之上，所以导致了刑满释放人员试图"做好事"，试图严格遵守社会规范，但是却被认为"傻"，始终参与不进去。实际上，按照传统社会学的观点，社会整合度高并非好事，但刑满释放人员正是在"追求高的社会整合度"基础上完成的改造工作。这种改造工作使得刑满释放人员形成正向的价值，对社会规范和秩序形成了正向的理解，但一旦遭遇现实环境的"排斥"，就会形成认知上的混乱。这种认知混乱虽然表现在微观系统之中，却难免在社会与个人、宏观与微观、客体与主体、结构与行动之间形成鸿沟。时间维度和横向系统的碰撞，正是由于在监狱内所形成的"改造成果"和监狱后接触到的社会环境不一致，才最终导致社会归属感不强和社会身份适应不良的后果出现。

第二节 多重矛盾的家庭系统：刑满释放人员的家庭适应

家庭作为社会的基础性机制发挥着重要作用。对个体来说，它是满足公民物质、情感和精神等需求最为重要的组织；对社会来说，它是承担着人口生产、抚育赡养、子女教育等需要的最为重要的机制。家庭是人类个体福利获取最为重要的途径之一,和其他福利供给主体不一样,它作为中观系统发挥着载体性的作用,对刑满释放人员的社会回归来说,更产生了重要的影响,成为其适应过程中的重要他人和重要事件的载体。很多研究和实践表明,服刑人员与家庭关系的维持以及与家庭的有效互动,能增强和提升改造效果,反之,缺乏与家庭的联系其改造效果将大打折扣。对刑满释放人员来说,他们与家庭成员的有效互动,既可以满足其基本需要,如生存和安全的需要,也能满足其发展性需要,如归属和爱,甚至是自我实现的需要;既可以满足自主性的需要,也可以通过"合理的家庭结构"和"良性的家庭关系"满足其中介性需要。作为组成社会的基本单位,家庭是具有经济和情感等综合功能的社会细胞;从生态系统来看,家庭构成了刑满释放人员的中观系统,无论在其曾经犯罪还是回归社会方面都起到了不可忽视的影响;从生命历程来看,刑满释放人员在入狱前、收监中、出狱前和出狱后,家庭都扮演着重要的角色,刑满释放人员对家庭及其家庭成员的适应是其社会适应的重要维度。下文将从家庭层面讨论刑满释放人员的适应现状和适应困境。

一、爱恨交加:刑满释放人员社会适应中的家庭

刑满释放人员走出监狱是否适应社会,其家庭起到了至关重要的作用。一般有父母的家庭更容易接纳并支持自己的刑满释放子女,一般轻微犯罪的刑满释放人员更能获得家庭的原谅和支持,刑期较短的刑满释放人员其家庭的支持更加强烈。正由于家庭在刑满释放人员社会适应中的重要作用,所访问的监狱也充分重视了家庭的作用,在罪犯服刑中和将要释放前均充分考虑了家庭的因素。比如,打破以往家属接待日的见面方式,创新性地用"互联网+"技术,通过"云"查询的方式增强家庭成员与服刑人员之间的沟通,服刑人员直系家属可通过"云"查询的方式知

道服刑人员在监狱的具体表现和改造情况，甚至实现即时的短讯交流。这样就增加了服刑人员与家庭的接触次数，确保其服刑效果，同时为其回归社会家庭做好基础性工作。再如，所访谈的监狱通过举办"以情动人、以情感人"等活动，开展监狱服刑人员与家属共度重要节日、接近期满服刑人员离监回家探亲等活动，增强其与家庭成员间的互动和交流等，充分利用亲情在帮教中的作用。家庭已经成为影响刑满释放人员社会适应中的重要因素，良好的家庭互动与支持为刑满释放人员的社会适应提供了"第一道环境"。此外，家庭或者家庭成员给服刑人员认真改造和回归社会提供最大的寄托，"爸、妈，你们受苦了""老婆，你辛苦了""孩子，老爹对不起你""我要好好看看孩子"，等等，无不说明了家庭成员的重要性。从某种意义上来说，刑满释放人员对家庭的牵挂和愧疚成为其改造的重要动力，也成为其积极适应社会而履行家庭责任的重要推力。

但是，与此同时，由于刑满释放人员曾经的犯罪行为给家庭带来了经济上、名誉上的重大损失，情感上的巨大伤害，使得家庭在对刑满释放人员提供支持和关爱过程中出现"犹豫"状况，也即本研究提出的家庭的"爱恨交加"状况。具体来讲就是既想关爱又想惩罚，既想支持又想排斥的一种纠结状态，这一状态几乎存在于调查中的每一个刑满释放人员的家庭中。以下材料可以佐证：

"出来以后家里的人能躲都躲，开始根本没有人愿意搭理我，好像不是自己家的人，觉得家里有我没我都一样，没有存在感……我刚进去一年老爹脑出血去世了，出来以后老妈身体也不是太好。觉得变化挺大的，生活也没意思，我也觉得这些都和我有关，家里人躲着我是应该的，是我自找的。"（访谈个案6）

个案10的母亲谈道："刚开始他进去的时候不到一年他爸生气不在了，当时就想这儿白养了，以后出来也好，不出来就死里面吧。出狱后没办法，还是自己孩子，有点被动接受他。刚开始说句不好听的就是没人搭理他，过了一两年才开始慢慢好了。"（访谈个案10）

这种"爱恨交加"的情况经常会出现在家庭与刑满释放人员的关系中，与其说是一种互动关系，还不如说是一种"惩罚"的延续。家庭既想帮助亲人尽快适应社会，又想在某种程度上惩罚刑满释放的亲人，让其为家庭的痛苦承担一定的责任。在访谈中我们也了解到，家人认为在监狱中是对服刑人员罪行的一种惩罚，而对家庭造成的损失谁能够承担呢，所以家庭成员对刑满释放人员的冷漠是另外一种心理惩罚，即是对家庭造成影响的惩罚，这种影响越大，可能惩罚就越重，反之则越轻。当然，这种"爱恨交加"持续的时间有长有短，按照生命历程理论的观点，出狱本来就是一个重要的生活事件，作用于刑满释放人员的生活上，甚至作为生活中的转折点影响到刑满释放人员的生命轨迹，或者家庭扮演积极角色促进其适应，或者家庭成为其社会适应中的"绊脚石"。如果是后者，刑满释放人员则会陷入一种困境，家人和刑满释放人员的不能释怀久而久之会形成一种新的隔离状态，家庭也就发挥负功能，阻碍刑满释放人员的社会适应进程。当然，如果是前者，即家庭扮演积极角色的话，就会促进刑满释放人员的社会适应。因此，作为社会工作者，要善于"转危为机"，善用"家庭"的优势推进刑满释放人员的社会适应进程。

二、多重困境：源于家庭与个体的双重污名

个体服刑，不仅对个体的生命轨迹会产生重要影响，也对家庭的生命周期产生影响，这种影响不仅仅是一个家庭成员的暂时缺少那么简单，还会涉及家庭众多功能的良性发挥。除此之外，家庭污名化也应该被高度重视。这种污名化的影响不仅作用于服刑后，而且继续作用于刑满释放后。家庭与个体的双重污名经常

致使刑满释放人员的社会适应道路困难重重，使得他们回归社会之后面临着很多与家庭婚姻相关的问题。当然，不同类型的刑满释放人员对婚姻家庭适应的需要不尽相同，其困境也有所不同。有些刑满释放人员需要对原生家庭进行再适应，有些刑满释放人员需要对有待建立或已建立的家庭关系进行适应。刑满释放人员在婚姻家庭关系适应方面主要呈现出以下困境：

第一，恋爱和结婚方面的困扰。其主要是因为刑满释放人员声誉受损，经济状况不佳，人们往往不愿意找一个"有前科"的人恋爱或结婚，这就导致了他们找对象和结婚非常困难。

"出狱之后家人对我的态度就是看不起。相亲对象也说最少要有个房子，现在一年四季忙工作，还没娶到老婆。……家人对我结婚也是不积极的，一直让我标准降低些，差不多就行了，说句不好听的话，只要是女的就行，有时候想，结不结婚又如何呢？"（访谈个案4）

"相亲的时候，对方听到是进去过的，就不想再跟我联系了。……进去几年，我家都因为我出名了，反正近处是不敢找了，也不敢让相亲对象在村里打听，一打听就露馅。"（访谈个案5）

未婚刑满释放人员本来在生活中就存在一系列的困难，如经济状况不好、就业状况不理想、交往能力较差、交往圈子狭窄等，再加上家庭与个体的双重污名化，使得其在婚姻道路上雪上加霜，很难在婚姻市场上占有优势。同时，家庭污名导致了家庭的低效能感，进而又导致刑满释放人员的低效能感，进一步强化了寻求婚姻关系中的"自卑"状态。因此，个体和家庭的双重污名化已经成为刑满释放人员社会适应的重要障碍之一。

第二，夫妻感情的淡漠或婚姻的破裂。婚姻承担着社会再生产功能，这包括人口、经济、教育和文化等方面的再生产。在婚姻关系中，双方的家庭权力和责任，与家庭角色、家务分工、夫妻双方的自主权、夫妻交流和婚姻质量等多方面有关。现代社会中恋爱婚姻家庭观念也发生了变化，婚姻中女性自主权在提高，女性对婚姻中的情感需求能被满足的期待在提高，在家庭中的地位也在逐渐提高。刑满释放人员由于服刑造成了夫妻长期分居，留在家中的一方承受着沉重的责任和巨大的压力，而沉重的责任也意味着付出更多。夫妻一方对家庭的贡献更多，有更强的持家能力和更强的自主性，可能导致家庭关系和角色逐渐失衡，就会对婚姻关系造成负面影响，甚至会导致婚姻的解体。此外，分居的婚姻较共同居住的婚姻满意度更低。在旧有家庭父权制的角色期待中，男性被期待承担主要的经济压力。我们访谈中的大部分刑满释放人员为男性。男性刑满释放人员在婚姻适应的过程中，被期待承担家庭的主要经济责任，面临着巨大的经济压力。已婚刑满释放人员面临着婚姻维续行为的困难，婚姻中的细微事件，都可能成为引发冲突的导火索，如微小的经济购买行为。家庭权力与责任呈现正相关。

  刑满释放人员在服刑期间，家庭中的其他角色为适应刑满释放人员的缺位，发展出了新的生活方式和交流方式，在刑满释放人员回归之后，家庭成员也会很容易产生习惯性忽视的状况。婚姻生活中的权力策略，体现在各种细微的关系与事件的决策过程中。刑满释放人员在回归家庭后，参与家庭决策的过程中，被访者倾诉家庭中的权力发生了隐形的变化，如"自己说的话不管事了""没人管我说了什么"。这种变化是夫妻关系变化后的结果，被刑满释放人员微弱地感知到了。刑满释放人员作为父母，教育子女的职责也在服刑期间被转移给了留在家中的一方。而男性刑满释放人员父亲的角色，相较之更容易被家庭漠视，形成"丧偶式养育"的家庭教养模式。男性刑满释放人员与子女的关系，也成为影响夫妻关系的因素。

  第三，与家庭其他成员关系的疏离。由于刑满释放人员犯罪等行为及后果对家人造成的伤害，社会交往关系中"污名化"的后果，不仅会影响其本身，还会由家人承担。邻里及亲属歧视的眼光，并不仅限于对刑满释放人员本身，其家人也会身处被"污名化"的情境中，其家人很容易将这种歧视的压力的责任归因于刑满释放人员，而对他们有一种失望或是厌恶的心理。因为曾经的犯罪和入狱服刑，刑满释放人员自身想要通过行动来弥补对家庭产生的伤害，想要被家庭成员接纳，同时也会担心成为家庭的麻烦和负担，预设了家庭成员会不接纳的态度，担心给家庭带来耻辱，而采取逃避的措施，其亲人关系有可能受到不良影响。

"我现在一个人住，不想连累孩子，孩子问我现在做什么工作，我都不好意思说。邻居跟孩子说，不准他孩子和我儿子有接触。我也不敢带儿子去小区，担心他们背后说闲话，对家里人有影响。我儿子对我也有抵触，他觉得有我这样的父亲没面子。"（访谈个案1）

有的刑满释放人员在遭到婚姻排斥的同时，还会遭到父母、子女或兄弟姐妹等其他家庭成员的排斥和疏远。来自亲缘关系的排斥，让刑满释放人员的自我污名化会更容易保持，更难从自我污名化到正常状态进行转变。

"要家人接受我、原谅我，肯定还是需要时间的。和老婆也离婚了，她把女儿送出国留学去了，日本，不让她见我。我也理解，就是心里还是多不舒服的。家都不像家了。我也希望小孩能有好的生活。"（访变个案2）

综上所述，刑满释放人员的家庭系统在其适应中经常处于一种多重矛盾的境地。实际上，这种多重矛盾就是各个系统互动不良的具体表现。具体来说，刑满释放人员对婚姻家庭的适应及其困境存在于个体与外在系统（具体指以家庭为主的中观系统）的互动中。这种互动是一种不良的互动：一是由刑满释放人员对家庭及家庭成员的认知（可能是正确认知，也可能是片面认知）所造成的，因为预测和自我预期会遭遇排斥的状况，而导致了他们采用躲避的行为来应对，认为如"不想连累孩子"或"老爹脑出血不在"后的自责等，从而造成了面向个体的微观系统出现不平衡状态，于是在互动中产生失衡；二是由于刑满释放人员对家庭及其成员造成了负面影响，这种影响不仅包括经济损失，更多包括情感的损失和家庭地位的降低，只是家庭成员在短时间内很难完全接纳刑满释放人员，因此出现了"家人对我的态度是看不起""没人搭理我""好像我不是这个家里的"等情况；三是由于在收监期间，家庭关系出现了变化，之前组建的家庭出现离婚或感情破裂，使得刑满释放人员出现婚姻家庭不适应的状况，带给他们内心严重的打击，也很难形成与当前家庭的良性互动；四是更大社会环境的不认可造成其婚姻恋爱难、双重污名化，使得他们的感情很难得到主动的接纳。此外，通过访谈还发现，有些服刑人员，如青少年服刑结束后，家人过度溺爱或缺乏有效的沟通方式，也导致了青少年刑满释放人员在家庭适应方面的困境，对青少年形成反社会人格有着较大的影响。总之，"多重矛盾"已经成为刑满释放人员家庭适应的重要特征，也是造成其家庭适应困境的重要原因。

第三节　能力"中断"与环境隔离：刑满释放人员的职业适应

职业作为连接微观系统和宏观系统的重要杠杆，在满足刑满释放人员作为正常化社会环境中一般公民的需要上，发挥着举足轻重的作用。良好的求职和工作过程会促进刑满释放人员吸收来自社会的正面反馈，以便形成更积极的自我认知，从而获得更高的生活满意度。实际上，不管是刑满释放人员还是其他公民，职业已经成为生活福利的重要来源，任何个人或者群体都会通过寻求职业来发展自己的生存空间。对刑满释放人员来说，其社会适应的重要方面就表现在生计方面，即需要解决经济适应问题，经济适应的主要渠道是职业适应。此外，职业的功能并非仅仅局限于生计方面，它还作为一种满足关系与发展需要的载体为人们所需要，对刑满释放人员来说更是如此。通过工作，刑满释放人员获取了经济来源，满足其基本生存的需要，同时通过与职业中的群体交往满足了归属与爱及尊重的需要，乃至通过奋斗实现职业向事业的转化从而满足自我实现的需要。

因此，职业适应是刑满释放人员社会适应的重要方面。所谓职业适应一般是指人们在情感、知能和行为上与其所从事的职业之间达成的一种适合状态。对刑满释放人员来说，"服刑"构成了其职业生涯中的"重要事件"，服刑中断了职业生涯，收监又隔离了职业环境，一旦长时间脱离社会环境，服刑人员很难从事原有工作。因此，当刑满释放人员走出监狱走进新的职业时，往往遇到各种各样的困境。实际上，刑满释放人员从走出监狱到适应新职业，一般要经历"职业转换—就业—职业适应"多个阶段，在这些阶段中，刑满释放人员以被动的职业转换为主，主动的职业转换占少数。在职业转换中，不仅仅是一种职业技能的转换，更多是对职业环境的重新熟悉和再次适应，它涉及职业的社会性角色变换。因此，需要从系统的角度来审视刑满释放人员的职业适应现状及困境。

一、能力"中断"与能力建设：刑满释放人员职业适应的能力因素

按照生态系统的观点，职业能力是附着在一个人身上的微观系统，职业能力的大小往往和是否能够求得职业和稳住职业相关。而一个人的职业能力往往与其人力资本相关，投资于个人身上的提升职业技能的资源愈多，其表现出的职业方面的人力资本

也就越大。在学理上，人力资本就是指存在于人体之中的具有经济价值的知识、技能和健康状况等因素之和，它表现为人的知识、技术、资历、经验和熟练程度等。对刑满释放人员来说，服刑中断了其职业生涯，长时间的服刑使得原有的部分职业能力完全退化，另外，服刑期间的劳动和出狱前的技能培训也作为一种被动提升能力的方式，很难完全积累和强化其人力资本，其"知识、技术、资历、经验和熟练程度"完全不能和其他公民相比较，也很难发挥促进职业适应的作用。

在访谈调研中也发现这一问题，虽然刑满释放人员也曾参加生产劳动项目，但这并非是职业意义上的工作。按照我国《监狱法》的规定，监狱根据罪犯的个人情况，合理组织劳动，使其矫正恶习，养成劳动习惯，学会生产技能，并为释放后的就业创造条件。

"我在2012年学水电技能，在狱中没学到，工作难找。在狱中那几年任何技术都没学到。"（访谈个案4）

但是由于各方面的条件限制，他们所开展的劳动技能培训也十分有限，加上监狱作为刑罚执行机构，其根本性质决定了它所开展的劳动项目不可能是以适应外界的就业为目标，这使得刑满释放人员很难获得与快速发展的社会相适应的职业技能，他们的工作技能和经验的累积远远不能满足社会岗位对人才的要求。大多数刑满释放人员由于缺乏一技之长及用人单位的歧视等，在回归社会之后就业困难，经济陷入困境。

"在里面政府有组织过学习，但是我不感兴趣，基本没学到什么。出来没找工作一直自己忙活，谁愿找咱这样的。"（访谈个案6）

"监狱安排我学焊接，学得还不错，但没人要，自己又开不了公司，只能打工，打工没人要，最后还得自己找活路做。没办法我就开摩的，早高峰的时候，有时候接得到几单，有时候还要

被交警撵,又辛苦又赚不到钱,收入很不稳定。在外面中午吃个快餐都要十几块,根本不够生活。"(访谈个案11)

可见,职业能力虽然是一个独立的变量,但存在于"生理—心理—社会"的微观系统中,也涉及平衡、均衡的问题。抛开生理系统,服刑人员的心理系统会对作为社会系统的能力系统形成抑制。换言之,尽管目前在现行的司法体制中,要求对出狱服刑人员进行适当的职业技能培训,但是刑满释放人员对自己的职业需求是模糊的,接受技能培训也是被动的,其心理预期也是不确定的,由此就形成了没有职业目的的"职业技能培训"。即使刑满释放人员掌握了某项技能,但由于缺乏心理预期或者缺乏一定的就业场域,也很难实现就业,进而无法实现职业适应。实际上,职业适应本来就不是一个简单维度的概念,它是指人们进入特定职业角色、履行职业角色义务、享受职业角色权利、合乎职业角色规范的职业角色扮演情形。罗福奎斯特等人认为,个体在实现就业之后,他们选择是否继续从事此项工作,取决于个体与环境的相互关系。而刑满释放人员重新回归社会后,进入新的职业环境,在知能、情感、环境和行为习惯上都面临着新的考验,对新职业的信息引起的各种心理过程,如感觉、知觉、注意、情绪、意志、性格等都有一个适应过程。这一适应过程存在于一个完整的职业场景中。正是由于当前的技能培训存在于刑满释放人员出狱前,其还没有进入职业场景,所以其能力建设是"被动的",也正如帮扶人员所说的那样,有大量的培训都没有起到作用。因此,职业中断,职业需要和"能力建设"的脱节是刑满释放人员职业适应的重要困境之一。

二、环境隔离与环境融入:刑满释放人员职业适应的环境因素

如上文所述,职业适应是一个综合性的概念,社会学层面理

解的职业适应是一种角色转换和角色适应的过程，在这一过程中，不仅涉及角色能力，更涉及角色的场景等。所以，职业适应不应该仅从个体的角度来观察，更要把视野放宽到工作群体、组织本身等社会因素方面，重视从个人与工作群体的关系，以及个人在群体中的角色来把握。

对于作为特殊群体的刑满释放人员来说，服刑中断了其就业历程，监狱并非是一个简单、封闭的物理空间，它更多的是作为一个封闭的规训空间，与正常化的社会空间最大的区别，就是有严格的纪律和规范的约束，身处其中的服刑者一般无需参与，直接服从即可。因此就导致了服刑人员的盲从性增加，进取心和主动性受到了抑制，与外界现实社会的文化价值观念和职业技能等各方面的差距很大，而且收监隔离了其就业环境，他们的就业是不连贯的，职业资格的缺失，导致他们前途暗淡，将永远被限制在低薪的工作中，他们感觉永远不会获得向更高的社会阶层流动的机会。但就就业轨迹来看，服刑已经成为其重要生活事件并形成转折点，待他们重新回归社会后，由于各方面原因，很少有人能回到原来的工作岗位或工作单位，因此几乎所有人都会面临着重新就业和职业适应的问题与困境。

"一直找不到合适的工作，人家一听是刚从监狱出来的，根本不考虑，后来朋友给我介绍了搞土方这个事。我们为了生存，只能努力，花了半年的时间改变了刚来的那种状况。我不能像别人一样坐在那里耍。反正就是想找条生路，现在这个社会很现实。"（访谈个案2）

另外，刑满释放人员由于被贴上"罪犯"的标签，很多用人单位都不愿意录用有前科的人，即便有的用人单位与之签订劳动合同，刑满释放人员也很难取得同事和单位的信任，这种污名化长久地存在，对回归社会的刑满释放人员是一个严峻的挑战。如接受访谈的成都某基层安帮科科长所说："这类人员由于自身原因在技能、知识、品行方面不足，而且有污点，在安置帮教的过程中接收单位有情绪。"在就业的过程中，刑满释放人员面临着是否要在求职简历中告知犯罪记录的问题，要么在工作中承受着污名带来的影响，要么远离就业机会，陷入一个两难的局面。

据了解，某市出租行业的驾驶员，除有身体状况、学历年龄等基本要求外，还必须是无相关犯罪记录且5年内未被执法部门吊销过营运资质的人员。按照现行的行业强制性要求，"滴滴""快车"两大互联网专车平台合并后，发布的一则《互联网专车服务管理及乘客安全保障标准》中，在"驾驶员准入标准"一条有明确表述："对驾驶员进行无犯罪记录检查和交通违章检查。"在犯罪记录要求上，没有设定年限限制，刑满释放人员的犯罪记录，会造成相当长时间的就业不良影响。

个案10的母亲谈道："他出来的时候本来想让他去开出租车，但是他自己不想，人家一听进去过，也不愿用，就算了。"（个案访谈10）

"自己以前是事业单位的，因为刑事案件接受了四年的劳动改造，出来以后原单位是回不去了，又找了一份企业的工作。结果还遇到了社保交不起（上），要自己去单位、社保局找档案，觉得社会不接纳自己，非常不友好。"（个案访谈12）

可以看出，职业关系着刑满释放人员出狱后生活的自立与自主，按照多依和高夫的理论，自主需要为基本需要，职业关系的建立则可以称之为中介需要。通过职业关系，理应满足刑满释放人员生存的需要、归属与爱的需要乃至自我实现的需要，但是，从访谈资料中可以看出，职业仅仅作为满足其生存需要的手段，至于更高层次需要很难在职业中满足。

第四节 参与受阻和交往缺失：
刑满释放人员的社会交往适应

社会交往是社会上人与人正常交流的根本手段，是刑满释放人员生存发展的过程中最基本的需求，也是其社会融入问题的重要影响因素。刑满释放人员回归社会后，在面临家庭结构和关系可能发生变化的同时，还面临着社会交往的变化和重新适应。刑满释放人员存在一定程度心理健康和社会交往问题，焦虑情绪、交往困境和心理压力对其融入社会产生了不利的影响。而从刑满释放人员本身考量，其出狱不久，除了家人，与外界的往来很少，周边社会群众不接纳、社区活动参与意愿较低和社会交往关系单一等也是他们难以融入社区的具体表现。

一、参与受阻：刑满释放人员的社会交往困境

作为刑满释放人员社会适应的中介，社会交往适应是其社会适应的重要内容。传统中国的社会网络有着"关系本位"的特征，以血缘关系、地缘关系所组成的"熟人关系"是影响刑满释放人员的中观系统，也成为刑满释放人员判断自身社会资源的首要元素。费孝通先生形象地将中国的社会结构比喻成一个石子投入水面所形成的波纹，波纹一圈圈往外推进，每个人都是他社会影响所推出去的圈子的中心，个体与他人的关系按照亲疏远近排序，如同波纹般越推越远，也越推越薄，这便是中国社会的差序格局①。中国人更关心自己与他人的关系，强调特殊情境与例外

---

① 费孝通. 乡土中国 [M]. 北京：北京出版社，2005：32-34.

情况，也就是特殊关系特殊对待，我国学者将中国人的这种社会取向称之为"关系取向"①。因此，中国人对陌生人的信任度较低，双方在进入到具有更深意义的沟通之前，必须先建立一定的"关系"。刑满释放人员在社会交往中不适应去开拓和建立新的陌生的关系，而是希望可以从熟人中找回曾经熟悉的感觉，希望回归到之前的生活圈子，基于非理性的感受，作为是否持续交往下去的依据。亚洲的群体观念在促进守法行为方面的作用尤为明显，亚洲文化强调相互依赖和羞耻感，源于儒家思想，鼓励道德规范，用使罪犯羞愧的方式引导其改过自新。刑满释放人员社会支持网络是与刑释群体存在相伴相随的社会行为，分为正式支持网络（后生性支持网络）与非正式支持网络（先赋性支持网络）。前者指来自政府、企业、社会组织的各种制度和政策性支持，主要是由政府行政部门，如各级社会保障和民政部门，以及准行政部门的社会团体，如工会、共青团、妇联等实施。后者则主要指来自家庭、亲友、邻里和非正式组织的支持。平日里交往过程中，以前的熟人朋友关系甚至有血缘的亲戚关系都因为他们曾经进过监狱而土崩瓦解，取而代之的是白眼、嘲笑和排斥。社会成员视刑满释放人员为另类，经常视而不见，不与其交流，甚至有些社会成员看见刑满释放人员后都躲避得远远的，冷漠的邻里和社会关系让刑满释放人员心灰意冷，不愿意出门主动与人交流。社会成员的不接纳和排斥给予刑满释放人员很大的精神压力，会让他们产生自己不受欢迎、不受人待见的偏见，这样会更加加深他们对自己的厌恶，进而不利于其重新融入社会。

"我都刑满释放两年了，还经常遇到使用身份证的时候被查的情况，活得像逃犯一样。坐火车，住酒店，都遇到过警察'特

---

① 何友晖，彭泗清. 方法论的关系论及其在中西文化中的应用[J]. 社会学研究，1998（5）：36—45.

别关照'。之前好不容易耍的女朋友，一起去酒店开房，被警察带走审问。后来女朋友知道我服刑的事，（关系）就黄了。现在都还是单身。"（个案访谈13）

《重点人口管理工作规定》第四条规定：因故意违法犯罪被刑满释放，解除劳动教养不满五年的均要接受管理。

"我出狱都四年了。在广州的厂里打了几年工，也找不到什么好工作，还接到派出所的电话，说他们要随时把我管到。还有什么要管的呢？我什么都没做了，根本没法正常生活。"（个案访谈14）

刑满释放人员参与社会、组织、社区的各类活动，参与社区管理、城市管理等，与谁交往、交往范围、交往频度、交往模式等组成了刑满释放人员的社会网络的基本内容，也直接体现了其社会融入程度。刑满释放人员主动与外层系统联系，主动了解外层系统社会可提供的支持的行为更少，更多情况是被动地等待政府、企业、社会组织与他们接触，得到来自正式支持网络的渠道甚少。刑满释放人员回归社会后，面临着就业和生活的双重困境，需要重新构建自己的社会网络关系，进一步发展及再社会化。社会交往融入是刑满释放人员社会融入的中介，但他们在再社会化的过程中困难重重，这增加了其社会交往适应的难度。社会上各个阶层对刑满释放人员的歧视心理，严重地压抑了他们在社会各个层面的融入，有一部分刑满释放人员完全丧失了重新回归社会的信心，有的基本把自己放弃了，甚至这可能就是诱导其再次犯罪的导火索。

二、交往缺失：刑满释放人员的社会交往缺失

从访谈中了解到，在刑满释放人员自己的主动排斥和外界的被动排斥双重作用下，刑满释放人员的社会交往会经历很大的变化。当前市场经济社会中，市场机制新塑了人际交往的社会关

系，社会化媒体的兴起使消费者行为发生了巨大变化，消费者从被动地接受市场信息转变为主动地搜索、调配市场资源，消费者间的关系从最初的分散结构逐渐发展为联系紧密的网状结构。消费者获得以群体为基础的消费者力量，如快速地共享信息、影响他人、传递口碑、发起消费行动、参与产品设计、筹募市场资金等。社会交往关系也通过社会化媒体转化为网状结构的群体关系。社会关系担负着利益交换、阶层流动等作用，刑满释放人员所拥有的资源、所隐含的经济价值更加扁平化，也将成为社会交往过程中会起到重要影响的经济因素。社会交往处于刑满释放人员的系统中，是他们与环境互动的纽带，刑满释放人员的处境不仅受自身影响，还受家长、朋友、社区等环境的影响。访谈发现，刑满释放人员经历隔离的环境，先前建立起来的人际关系被迫中断，除了与家人的联系，其他社会交往关系受到不同程度的影响。一方面，刑满释放人员出于曾经犯罪服刑的自卑心理，会选择脱离以前的社交网络或缩小社会交往圈，旧有社会关系中的群体已发展出其缺失状态下新适应性的生活方式及交往方式。在刑满释放人员回归后，意味着新的改变，对现有社会关系起到破裂和再适应的作用。刑满释放人员其自身弱势的心理暗示及社会资本的短缺，对自身重新加入社会关系呈现出不同程度的担忧，也不同程度地损害了他们的自尊和自我认同，阻碍他们进入和参与社会关系的机会。另一方面，由于监禁中断了来往及犯罪降低了他人对他们的信任度，以往的社会交往对象也会疏远和排斥刑满释放人员，他们回归社会后要么建立新的社会交往，要么脱离原有交往圈隔离自己，这就使得他们的社会交往单一化，社会排斥感强、社会参与度低。从访谈情况看，由于自身的自卑心理和外界的歧视心理，刑满释放人员在建立新交往圈子上面临巨大困难。部分改过自新的刑满释放人员可能被以往的不良同伴排斥，也可能主动脱离以往的不良同伴群体。而部分刑满释放人员出于被人接纳和认同的需要，可能会与不良同伴群体继续交往而自我排斥于社会的正常群体之外，这是刑满释放人员的社会交往适应过程中常见的一个问题。如果社会交往适应不当，可能导致刑满释放人员的再次犯罪。社会融入状况的重要方面是个人的社会参与程度。刑满释放人员大多表示，平时很少参与社区活动，社区邀请参与的也仅是简单的劳动，而不会涉及更深参与权的活动，他们觉得参与的意义不大。

"家里和我关系不好，都说我不孝顺，兄弟和朋友离我远远的。他们觉得我没有钱，帮不上他们的忙，嫌弃我，跟我基本没什么来往。社区活动我基本不参与，之前的熟人现在都假装不认识我，路上遇到都不会打招呼。"（个案言谈6）

"社区活动很少参加，只有联系我我才参加一些，但是我又觉得烦。有时候有点空，因为自己文化水平低又不想去丢人现眼。"（个案访谈4）

"社会交往基本上没有。现在这个社会，大家都现实得很，没有谁想和你交往，只和家人有些来往。"（个案访谈2）

"没得交往，他们也不怎么联系我。之前的朋友好多都在做生意，怕和我有交往影响了他们的生意。"（个案访谈5）

"回来也这么久了，过去的事也都没什么了。表面上没有人提，但是他们心里都记着这个事。朋友关系不如原来好了，原因很复杂。"（个案访谈3）

社会交往适应更多面向的是刑满释放人员的中观系统，即非正式的初级社会群体，与这一群体的交往与互动会满足刑满释放人员的归属感、被尊重感，而这一交往的缺失，则会起到相反作用。在访谈中可以看出，大部分刑满释放人员在社会交往适应中出现了问题，表现出不愿适应、被动适应和适应隔离的状况，这些都值得我们重视。

总之，刑满释放人员在回归社会过程中，面对着系统的突变，生活事件的转折，使其出现了在社会身份、婚姻家庭、职业、社会交往中适应不良的状态。在刑满释放人员的整个系统中，面临着不同层次的系统与相应问题，刑满释放人员与各系统之间的关系也是不断变化的，这些状态也必然影响他们各层次需要的满足。需要不被满足和不能满足就会影响到刑满释放人员成为正常化社会环境中一般公民的过程，极易导致他们微观系统的失衡，或可能使他们陷入生活困境，甚至可能使他们重新走上犯罪的道路。

第四章　刑满释放人员社会适应不良原因的社会工作解读

如前文所述，在社会工作学科背景下，刑满释放人员的社会适应，就意味着个体与相关的系统之间达成了有效的均衡，能够完成个体各种需要的满足。而适应不良状态的出现就是缘于系统间不均衡状态的存在，影响其需要的满足，这不仅意味着存在于刑满释放人员周围的横向系统的不均衡，也意味着存在于刑满释放人员生命历程中的纵向系统间出现了失衡的状况。因此，要厘清刑满释放人员适应不良的原因，必须从横向的生态系统和纵向的时间系统入手进行交叉性分析。

第一节　刑满释放人员社会适应不良的生态系统原因分析

在社会工作学中，经常将人看作一个系统的存在，每一个个体与系统相互交融，既是系统的积极建构者，同时又存在于系统中，个体及其系统是否处于一种均衡性的积极互动状态，是一个人社会适应最为重要的指标。如果一个人，当然这个人本身就是一个系统，是一个"生理—心理—社会"的人，他或者她与所处的生活环境之间没有形成良好的互动，那可能就处于一种适应不良的状态。所谓没有形成良好的互动可能包括两个方面：一是个体不能很好地利用社会系统中存在的各种资源,这种资源是存在的,但未被有效利用,或者存在一些障碍,不能被个体所利用;二是个体所需要的资源在环境系统中不存在或者不足,不能有效回应个体微观系统的需要。以上两种情况我们都可以称之为影响个体社会适应的"不利因素",社会工作就是针对生态系统中的不利因素进行干预,对刑满释放人员的社会适应来说也是如此。用生态系统理论来分析和研究刑满释放人员的社会适应问题,必须打破适应不良是个体能力不足的基本假设,而要透视系统本身及次系统间的互动,通过系统整体性和互动性评估,厘清"不利因素",才能发现刑满释放人员社会适应的"病症之因"。当然,系统理论也告诉我们,系统具有动态性,任何次系统的变化都会影响到整个系统的均衡,这也是需要在分析和研究中注意的。

一、微观系统:心理障碍、适应效能感低和能力的缺乏

微观系统属于个体为依托和载体的系统,又被称之为个人系统,包括影响个体的生物、心理和社会等子系统①,此处的"社会"并非指的是个体所面临的社会环境,而是个体的能力和所承担的角色。对刑满释放人员来说,无论是身份与婚姻家庭的适应,还是社会交往与职业的适应,都与其对相关系统的感受与认知相关,换句话来说,出现适应不良的重要原因之一就在于刑满释放人员出现了心理障碍。这种心理障碍主要表现为刑满释放人员的自我排斥,如"我是犯过罪的人""我对不起家人""我做的事自己都原谅不了自己""我和别人不一样"等表述,凸显了刑满释放人员的自我认识。曾经的罪犯标签及其所带来的污名化身

---

① 付立华. 社会生态系统理论视角下的社区矫正与和谐社区建设 [J]. 中国人口·资源与环境, 2009 (4): 125-128.

份，使得刑满释放人员一旦脱离监狱环境，面向正常化的社会环境，就出现"过度自责""极度自卑""自暴自弃"等负面情绪，久而久之可能会出现焦虑、抑郁、压抑等倾向，从微观层面阻碍刑满释放人员与中观甚至宏观系统的互动。

正是由于刑满释放人员在社会适应过程中存在心理障碍，导致微观系统与中观乃至宏观系统出现了互动不良的局面。这种以负面情绪或心理状态为主的障碍久而久之内化成为刑满释放人员的自我主观意识，主动适应意愿逐渐被障碍耗尽，自我效能感在适应过程中愈来愈低，如果没有相关力量干预，刑满释放人员就极易走向自我封闭的境地，将自己缩在"微观系统"中，乃至再次走上犯罪的道路。可以看出，自我主动适应意愿是刑满释放人员从微观系统走向中观和宏观系统的重要中介性因素，是否形成自我主动适应意愿是影响刑满释放人员社会适应的先决性条件，它的形成和出狱前的感化与教育不无相关。也就是说，微观系统中的"自我主动适应意愿"的形成建立在与其他系统互动的基础之上。因此，出狱人对当下社会和出狱生活抱有一种怎样的态度，对当下的社会是否有归属感，对出狱生活是否抱有希望，都会影响到他的社会适应。

当然，"自我主动适应意愿"仅仅是刑满释放人员开始进行社会适应的前提条件。在社会适应的过程中，系统始终是处于动态的互动中，一旦主动适应意愿受阻或者屡次受阻，刑满释放人员就会形成低的效能感，可以说是一种以"低效能感"为特征的微观系统，进而会影响到社会适应的进程。当然这种受阻更多来自中观或者宏观系统的阻隔，家庭、朋友、邻里、社区乃至社会制度形成的种种区隔和造成的各种障碍，使得刑满释放人员在适应过程中出现无力感。正如马斯洛所言，被群体接纳、建立并维系积极的人际关系是人类的最基本需求[①],但刑满释放人员往往抱有良好的主动适应意愿进行试探性的适应时,这种被称之为最基本的需求却无法得到满足,久而久之就影响了刑满释放人员社会适应的良好愿望与已建立的信心。本研究将之称为"适应效能感"弱化。借用社会自我效能感的概念[②],我们将适应效能感界定为个体对自己能够适应社会的信心程度,这种信心程度并非与生俱有,它是人类个体在与社会系统互动过程中逐渐形成并加强的,但也可能会走向相反方向,即适应效能感的弱化。尽管这一状况是在互动中完成,但一旦形成弱化了的适应效能感,则意味着刑满释放人员的微观系统就发生了变化,必然会进一步影响各层系统的互动,也必然会影响刑满释放人员的社会适应进程。

"因为之前我犯下的错,家里人就有怨气,我也没什么经济来源,家里人对我有很大意见,有一些怨言,就差当面给我说了。本来出来还是好的,我也希望能弥补一下,现在一回到家里,就感觉有很大压力。我也不能怪他们,怪就怪自己犯错,让他们难过,现在也不知道该怎么面对他们,也不知道怎么去解决,未来的生活该怎么过。"(访谈个案10)

可以看出,即使刑满释放人员能够迈过"心态关",以一个积极的心态去面对外在系统,但由于污名化身份所导致的机会的丧失、资源的缺乏和社会的排斥,也使得其在社会适应上出现一种无力感和无能感,经常出现对生活意义毫无根据且不合理的质疑。"我再努力也不算啥,人家离婚也是正常的""我是做得挺多,但他们看不起我也正常""这种情况(躲着走)很多,已经

[①] 陈建,赵铁然,陈晨,时勘. 社会排斥对生活满意度的影响研究:社会自我效能感与社会支持的作用 [J]. 管理评论, 2018 (9): 256-267.

[②] Smith H. M., Betz N. E. Development and Validation of a Scale of Perceived Social Self-Efficacy [J]. Journal of Career Assessment, 2000, 8 (3): 283-301.

习以为常了""我能改啥呢,社会就这样"等话语说明他们已经出现了悲观的生活态度。当刑满释放人员以自己的同龄群体作为参照系时,这种低效能感更加明显,进而导致他们在心理上出现"自我封闭""自我排斥",甚至"自我放弃"的情形,社会适应的信心也丧失殆尽。

当然,监狱内外的生活差异巨大,也会给刑满释放人员带来很大的心理冲击和适应困境。刑满释放人员的社会适应始终属于再社会化的范畴,再社会化和继续社会化不同,环境变迁更加剧烈,刑满释放人员更要做好各项准备,包括心理和心态准备。大部分刑满释放人员都会对出狱生活抱有美好的期望,但是由于出狱后,面对相对陌生的社会环境和剧烈的环境变迁,会出现极不适应的状态。在现实生活中,对社会技能的需要,对刑罚人员的限制,使得刑满释放人员的"美好期望"逐渐消失,自我主观意识消极化,适应效能感随之弱化,微观系统逐渐封闭,甚至对自己的生存意义和生命意义做出否定性和消极性的评价。

"我觉得自己也是活该这样,自己犯了错才把家搞成这样,觉得自己没有用,老婆病了都是因为我,孩子也烦我……这些事情让我觉得非常恐怖,大家都恨我,连我自己也恨自己。现在出来了都不敢面对自己,以后怎么和家人相处都是个问题……老婆身体不行,但对我还好,这样我更有负罪感。现在家成这样子,都是因为我。"(访谈个案11)

在微观系统层面,还需从附着在刑满释放人员身上的能力层面考察其适应不良的状况。实际上,初级群体也好,就业单位也罢,乃至社会政策,与其形成有效互动都必须有一定能力的支撑,而能力是微观系统的重要组成部分。此处的能力仅指与刑满释放人员社会适应相关的能力,在社会工作学中,更强调的是服务对象的自助能力。借用张和清的观点,服务对象的自助能力可以总结为三个方面,即主体的觉醒能力、主体的实践能力和主体的改变能力①。刑满释放人员的觉醒能力即指能够意识到自己的适应困境并努力改变之;其实践能力则是在社会适应过程中,对相关系统进行组织和与相关系统进行合作的能力;其改变能力是指向刑满释放人员自我成长的一种能力。这三方面能力最终指向了人的一种新的平衡状态,至少是在微观系统当中。对于刑满释放人员这一特殊群体来说,社会适应的需要成为其出狱后最为重要的社会性需求,从本研究的调查结果来看,所有的调查对象都渴望得到家庭乃至社会的接纳,但是他们却对适应困难的程度认识不足,也往往在适应困境面前低下了头,如案主常常表示"真是没有想到,自己都出来了,亲朋好友还是那样看我""该承担的都承担了,我还能做什么呢""只要一听你是监狱里出来的,马上就一个态度",等等。此外,就觉醒能力来看,尽管刑满释放人员都对社会适应有渴望,但是他们中的一部分人却过高地估计了社会环境的接纳度,在过高期望和现实困境相碰撞时,往往形成了一种强烈的无力感,这也是能力因素的重要表现。

  刑满释放人员的实践能力也是缺乏的,由于周边可供利用的资源偏少,刑满释放人员难以将系统内外的资源进行有效的组织,更不可能促成系统之间的合作。其具体的原因在于:一是由于社会变迁,现有获取信息和资源的渠道对刑满释放人员来说是陌生的,他们很难轻松地获取相关的资源与服务,就如调研对象所表示的"要不是社区(社区居委会工作人员)告诉我,我是不知道什么救助的,也不知道哪儿申请,就是两眼一抹黑",刑满释放人员想要获得资源与服务,必须依靠第三方的协助或帮助;二是尽管渠道是畅通的,但是资源与服务供给方并没有很顺利地与刑满释放人员形成良好互动,这是实践能力弱的一种具体表

---

① 张和清. 社会工作:通向能力建设的助人自助——以广州社工参与灾后恢复重建的行动为例[J]. 中山大学学报(社会科学版),2010,50(3):141-148.

现。也正是由于以上两个能力的缺乏，刑满释放人员的自我改变能力就无从谈起。

当然，微观系统也包括刑满释放人员的生物系统。尽管在我们的调研中刑满释放人员的生理状况不是调研的重点，但是一旦涉及有疾病的情况，我们还是给予了重点关注。调查显示，由于刑满释放人员身份的特殊性，他们在基层就医和家庭照顾层面甚至都会受到排斥，这种排斥进一步加重了其压力。国外的相关研究就表明，在从监狱到社区的过渡阶段，刑满释放人员通常不能及时地得到医疗照顾，而且出狱初期的压力、恐惧、焦虑和失望情绪还会加重他们的精神或身体病情，这对他们的社会适应造成严峻挑战。学者 Laura 同样也认为，如果（刑满释放人员的）疾病得不到及时治疗，将严重影响他们成功地适应社会[①]。

二、中观系统：初级群体功能发挥缺失或不当

中观系统已经超出了个体本身，是指与个体紧密接触的有影响力的小群体，如家庭、同辈群体、同事、朋友和邻居等，它也是满足个体社会存在需要的重要系统。按照社会支持网络的作用来分，这一系统不仅发挥着工具性支持的作用，更重要的是发挥着其他系统不可替代的情感性支持的作用。正如研究所认为的那样，对刑满释放人员来说，获取社会存在，即满足归属与爱的需要和尊重的需要至关重要。但是在现实中，初级群体的功能发挥缺失或发挥不当，导致了刑满释放人员的需要不能有效满足，最终造成其适应不良。

学者指出："只有极少数人还愿意同一名以前相识的，但是

---

① 高梅书，张昱. 国外出狱人社会适应研究及对当代中国的启示 [J]. 华东理工大学学报（社会科学版），2013，28（1）：32—43.

因为犯罪而坐过牢的熟人有所往来，哪怕其罪行只是轻微的罪行。"[1] 刑满释放人员回归社会以后，很难再自然地（一般都有第三方的支持与协助）融入以前的朋友圈，这无疑会加重他们的被排斥感，更深化了他们的自我认知边缘性。同样，家庭在刑满释放人员回归社会中理应扮演重要的协助者和支持者的角色，但是往往刑满释放人员的近亲属没有给予起码的信任与情感支持，甚至由于"刑满释放人员回归社会"的原因使得他们的家庭不再完整和睦。在这个脆弱的时期他们的情感需要无法得到满足，他们会感到被家庭遗弃，甚至认为被整个社会抛弃，导致心理上缺乏安全感和情感上缺乏归属感。如前所述，刑满释放人员的适应效能感关乎着其能否有足够信心进行社会适应工作，关系其是否最终顺利适应社会，而适应效能感来自适应实践的尝试，初级群体的排斥及其来自初级群体支持的缺失，最终会降低刑满释放人员的适应效能感，影响他们的适应进程。实际上，作为中观系统的"初级群体"不仅为刑满释放人员提供工具性支持，如提供照顾、给予生活协助、提供住房、帮助就业等，更为重要的是它发挥着表达性功能，给予刑满释放人员情感支持和精神鼓励。所以，初级群体对刑满释放人员的适应与接纳期的长短是影响刑满释放人员社会适应的关键因素之一。

当然，对于刑满释放人员，家庭是最为重要的中观系统。按照美国社会学家库利的说法，家庭、邻里、同辈群体都被纳入初级群体的序列中，之所以被纳入初级群体序列，是因为它们是面对面交往的一种关系，是一种具有亲密的人际关系的社会群体。作为初级群体的家庭在家庭成员需求满足中扮演了重要角色，不管是生存的需要，还是安全和情感的需要，乃至归属与爱与自我

---

[1] 陈姝媛. 再犯罪人员特殊公共服务供给主体的责任分析 [D]. 华中农业大学，2010.

实现的需要。家庭在刑满释放人员的社会适应过程中理应发挥重要作用，但是在调研中，我们发现，很多家庭在刑满释放人员社会适应中发挥作用有限甚至阻碍了其适应过程。首先，刑满释放人员面对的家庭本身就是"问题家庭"，甚至他们的犯罪就与"家庭的问题"极度关联，在其出狱后就很难提供支持；其次，犯罪可能会引起家庭的破裂，破裂的家庭也很难在其适应过程中发挥作用；再次，尽管有些家庭在适应过程中有积极的行动，但一旦面对社会排斥时，形成"家庭污名化"，使其在支持层面力不从心；最后，刑满释放人员还涉及家庭融入的问题，一旦无法正常融入，还可能会导致家庭矛盾重重，甚至会形成家庭排斥。因此，家庭作用发挥不当或不足已经成为阻碍刑满释放人员社会适应的重要原因。

"父母没什么能力，我8岁开始就自己煮饭，12岁时被当地刘WB（化名，作者注）带去青白江火车站，然后到成都。当时火车北站混的娃娃多了，我也就开始走上不归路。四兄妹全靠姐姐带几个娃娃生活，哥哥也不称职，学父母各做各的，四分五裂的，我也没书读。现在我出来了，大家也不管不理我，唉。"（个案访谈16）

由于初级群体不能有效发挥满足刑满释放人员作为一般公民需要的功能，因此刑满释放人员可能形成自我封闭，也可能从亚文化群体中寻求需要的满足，这极有可能使其再次走向犯罪，社会适应由此终止。当然，并非所有的家庭都对刑满释放人员形成排斥，对于一些特殊的刑满释放人员来说，如未成年入狱者，初级群体又给了过多的不当关注。比如在访谈中了解到，由于害怕自己的孩子再次入狱，或和"社会上的混混"再次交往，家庭对刑满释放人员额外地关注，或者任何需要都尽可能地满足，或者严格限制其生活自由。前者是由于家庭认为收监影响了孩子，亏欠了孩子，所以尽可能地"补偿"，同时由于害怕刑满释放人员在社会上受到排斥和歧视,尽可能地保护起来,不让其过多地参加社会生活;后者由于害怕刑满释放人员再次触犯法律,限制其行为和生活,其基本假设是刑满释放人员还没有完全的自控能力。不管出于怎样的原因,这两种方式都切断或限制了刑满释放人员与社会生活接触的机会或接触的范围和深度,也就是说,刑满释放人员与其他系统之间无法有效互动,这也极大地阻碍了刑满释放人员的社会适应进程。

刑满释放人员的社会适应是通过系统互动促成系统均衡的过程,在这一过程中,不仅仅是现存的系统在互动,还涉及新系统的不断建构,增强刑满释放人员的社会交往成为新系统建构的重要手段。在社会交往中,刑满释放人员适应的需求得到满足,社会融入得以实现,社会交往已经是刑满释放人员社会适应问题的重要影响因素。如前所述,刑满释放人员的社会适应是一个再社会化的过程,这一进程必须放在社会环境中去进行,对刑满释放人员来说,其能否正常与他人交流,关乎社会适应的成败。但是,由于刑满释放人员在接受改造的过程中,基本处于与主流社会隔绝的状态,因此也就意味着与之前的交际圈子、生活状态的告别。新的圈子的进入既需要刑满释放人员的主动参与,也需要新圈子的接纳,刑满释放人员是否能够主动地参与到社区事务、社区管理、社区活动中,社区中的相关初级群体是否能够接纳这一人群,这都是社会适应的重要考量因素。但在调研中发现,刑满释放人员有融入的意愿,也有主动建构初级群体的想法,但是往往在这一过程中受到排斥和拒绝,甚至受到歧视,阻碍了刑满释放人员的社会适应,部分刑满释放人员也因此完全丧失了回归社会的信心。不管是初级群体的融入还是初级群体的重新建构,如果没有第三方或称之为第三方系统介入的话,对刑满释放人员来说都是艰难的。但是,在刑满释放人员的社会适应中,以初级群体为主要形式的中观系统必不可少,它的作用无法依靠其他系统替代，也正因为如此，一旦刑满释放人员与初级群体互动出现失败，那就意味着社会适应已经结束。

综上可以看出，不管是初级群体功能发挥的缺失还是不当，都对刑满释放人员的社会适应造成重要影响，这种影响不仅体现在作为满足中介需要的初级群体关系上，而且体现在现有初级群体关系无法满足其基本需要层面，还体现在新初级群体建构中刑满释放人员经常处于无权的状态。总而言之，个体与中观系统的互动不足、互动不当、互动无效是造成刑满释放人员社会适应不良的重要原因。

三、宏观系统：政策的"区隔"、社会环境的"藩篱"和组织"失能"

即使刑满释放人员和宏观系统并非直接接触，但社会环境也会时刻渗透于他们的生活、影响着他们的社会适应。刑满释放人员的宏观系统，往往指的是他们所处的社区、社会文化和社会制度以及正式组织，我们可以从围绕着政策的制度和围绕着社会文化与社区氛围的社会环境两个方面来展开分析。前者更多指向正式的社会制度，后者指社会约定俗成的社会文化和社会互动过程中形成的社区氛围。此外，不可忽略的是，宏观系统中的正式组织未有效发挥作用，也是刑满释放人员社会适应受阻的重要影响因素。

结合访谈资料和文献得知，尽管有很多针对刑满释放人员帮扶性、救助性的社会政策，但在实际的执行和政策的可及性方面，确实给刑满释放人员的生活造成了一些障碍，影响其社会适应。一方面是由并非针对刑满释放人员的法律政策中的一般规定造成的，即这些规定是作为普通人的身份也可能遭受到的限制；而另一方面，更多的障碍和排斥来自法律政策中直接针对刑满释放人员特殊身份的一些限制性规定。前者如年龄歧视和学历歧视，即在很多职业招聘时对年龄和学历做出了限制，即使工作并非需要一定年龄和学历的支撑。对刑满释放人员来说，与其他人群相比，这两者往往是不占优势的，也难怪所访问的调查对象大部分都是自己单干或做一些苦力。

后者的情况对刑满释放人员的社会适应影响更大。就拿就业方面的法律政策来讲，我国的一些法律对刑满释放人员从事某些具体职业做出了限制性规定，即"从业禁止"。尤其是一些涉及国家公职人员的法规，如《中华人民共和国法官法》《中华人民共和国警察法》《中华人民共和国公务员法》和《中华人民共和国检察官法》等，都分别规定了"曾因犯罪受过刑事处罚的，不得录用为公务员，不得担任法官、检察官及警察"；一些特殊的行业，如教师、律师、会计、医师、银行等行业，也做出了禁止从业的条件和期限规定等，其中就包括了对某些类刑满释放人员的就业限制。此外，我国《刑法》第一百条规定："依法受过刑事处罚的人，在入伍、就业的时候，应当如实向有关单位报告自己曾受过刑事处罚，不得隐瞒。"这一制度被法学领域称之为"前科报告制度"，这一立法的理想目的在于期望通过前科报告让入伍或就业的接收单位注意受过刑事处罚的人，对其进行关注、引导和监管，防止其重新犯罪。但实际结果是，一旦有受过刑事处罚的人，相关单位一概将之拒之门外，法律的应然与实然出现落差。如此，在现实中，前科报告制度把已经改造完毕走向社会的刑满释放人员置于社会的边缘，使其处于非常不利的境地①，严重影响到他们的社会适应进程。

当然以上这些政策的"区隔"是基于对公共利益的整体考

---

① 高仕银. 明确性原则视野下刑法前科报告制度之检讨与完善——兼评《刑法修正案（八）》对刑法第一百条的修改[J]. 烟台大学学报（哲学社会科学版），2011，24（4）：25-30.

量，通过区隔可以保护其他群体利益不被伤害或可能不被伤害，所以其法律政策的范围是比较明确的。但是这种"区隔"在现实生活中有扩大化的趋势，即将政策"区隔"的领域和范围扩展到其他方面，如在访谈中所得知的从事"小区保安""小车教练""工厂员工"等职业也受到限制。我们将之称为政策区隔的扩大化效应，具体表现为三个方面：一是从一些特殊行业的限制扩大至一般行业的限制；二是从"如实报告"扩大至"直接拒绝"；三是从"特殊职业内部的犯罪"扩大到"所有犯罪"。政策区隔的扩大化效应使得刑满释放人员的就业机会再次减少，直接影响了其职业适应。当然，近年来我国也非常重视特殊群体权利的维护，一些法规政策得以完善，在具体的实施过程中也以特殊群体为本，让特殊群体得到实惠。但是，由于刑满释放人员整体文化素质偏低，职业技能缺乏，在以市场为主体的就业背景下，刑满释放人员缺乏竞争力，再加之社会上的污名化与歧视，使得刑满释放人员比一般人付出更多努力才能找到工作，这也是造成刑满释放人员职业适应困难的重要原因之一。

　　同时，在社会福利政策层面，也会出现对刑满释放人员产生排斥的"藩篱"，具体表现在一些社会保险和社会救助政策层面。在社会保险层面，如医疗、养老、失业、工伤等，尽管法规没有明确提出相关限制，但是在实际实施过程中对刑满释放人员形成了一定的影响，如关于工龄的问题。另外，绝大多数刑满释放人员都与原单位脱离关系，出现保险断交，个人无力筹交的局面。一旦刑满释放人员生活遭遇困境或者步入老年，其生活质量很难保障，在就业、就医和养老上将陷入困境。在社会救助政策层面，尽管刑满释放人员属于救助的范畴，但在政策的具体运作中，经常遭遇各种歧视与排斥，如果没有第三方协助的话，刑满释放人员往往要经历漫长而艰辛的过程方可享受到救助政策，也就是说救助政策对刑满释放人员的可及性差。享有基本生活保障权是作为一般公民的基本权利，但刑满释放人员在享有这一权利过程中，已经遭遇这样那样的困境。针对这一与其他困境人群不一样的特殊人群，更容易在福利政策的具体落实过程中形成有形或无形的排斥，从而在宏观的社会层面阻碍了刑满释放人员的社会适应。与微观系统的阻碍相比，这一情况可能会危及社会的稳定，必须认真对待。

虽然说刑满释放人员难以适应社会的原因是多方面的，既有社会制度、社会结构方面的原因，也有其本身的原因，但是制度性的壁垒使得部分刑满释放人员丧失了适应主流社会的可能性，公共政策发展的迟滞忽视了这样的社会问题，从而也在一定程度上漠视了刑满释放人员群体的公共利益。社会保障制度是保证其基本生活的重要桥梁，作为弱势群体，需要必要的体系作为保护。从福利三角理论可以看出，在社会、市场以及国家的三角互动中可以分析刑满释放人员被社会排斥的现状和原因，并且也可以寻找帮助他们融入社会的良性途径。

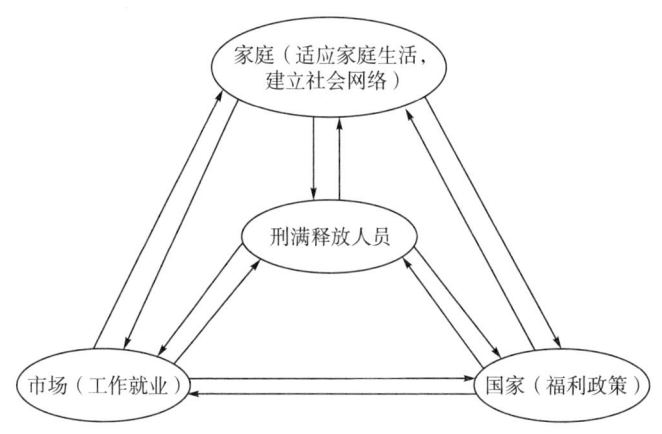

图 4-1 福利三角框架下的刑满释放人员回归社会模型

如图 4-1 所示，在福利三角的框架下，首先，家庭层面是一个较为微观的层面，主要关系到刑满释放人员是否能重新融入家庭生活并且建立起自己的社会网络，以实现回归社会的目标。其次，以市场为代表的经济制度，与此相联系的就是工作和就业，主要是考察刑满释放人员在职业市场的被排斥和融入程度。稳定的工作对于刑满释放人员快速、平稳地回归社会有很大的促进作用。最后就是国家层面，社会福利政策的完备性将在制度上成为刑满释放人员回归社会构建福利支持的基础[1]。

造成刑满释放人员社会适应不良的另一宏观系统的原因是社会环境的"藩篱"，这是一种存在于社会大众观念上的边界，对有犯罪和服刑前科的人（不管什么原因收监），虽然刑满释放了，但经常会被贴上罪犯或者问题人物的标签，甚至被看成危险人物，被排斥于社区生活之外[2]。我国的《监狱法》第三十八条也明确规定："刑满释放人员依法享有与其他公民平等的权利。"但是在现实中，刑满释放人员时常被不平等对待，其原因更多是和社会大众对刑满释放人员的偏见相关。就拿参与社区事务来说，社区参与被看作是刑满释放人员参与社会生活的最为重要的方式之一，在参与过程中，他们能够感到社会的接纳和包容，能够形成效能感和对社区的归属感。但事与愿违，他们或者缺乏参与的途径和渠道，根本无法参与其中，或者在参与过程中，经常被忽略和排斥，其发言得不到重视，参与感极低。实际上，作为一般公民的刑满释放人员的社区参与权利非但不应该被忽视，反而更应该被重视起来，将其作为促进刑满释放人员社会适应的重要手段。

---

[1] 刘柳. 从福利支持视角论刑满释放者的社会融入 [J]. 国家行政学院学报，2014（6）：101-105.

[2] Christy A. Visher, Jeremy Travis. Transitions from Prison to Community: Understanding Individual Pathways [J]. Annual Review of Sociology, 2003（29）.

此外，"组织失能"① 也是刑满释放人员社会适应受阻的重要影响因素。正如孔一、黄兴瑞所言，家庭、学校、单位、监所、社会组织等社会化的单元没有发挥应有功能，使刑满释放人员没有习得正常公民所具备的规则和纪律，进而扮演违背社会期待的角色②。在调研中发现，司法局以及基层的司法所是刑满释放人员安置帮教工作中的主要力量，但在其具体实施过程中出现"失能"的状况，具体表现在：一是有以管理代替服务的倾向，比如"一人一档"名为服务，实为管理，仅做刑满释放人员社会融入情况的登记与跟踪；再如"重点人员的信息动态管理""安置帮教对象的排查走访"等，都是以管理为出发点进行的安置帮教活动。二是安置帮教的"合法性"问题。在调研中也发现，司法所的工作人员身份比较尴尬，刑满释放人员与社区矫正人员不同，后者指的是在社区中服刑的人员，而前者即刑满释放人员则已经成为社会公民，社区矫正人员理应成为司法所监督和管理的对象，但如果从管理的角度来说，刑满释放人员则不属其中。三是一些刑满释放人员离家外出谋生，也给基层司法所带来了"服务真空"或"管理真空"的问题。社会组织也愈来愈成为刑满释放人员社会适应中的重要支持性系统，但调研中发现，只有一家专门致力于社区矫正和刑满释放人员服务的社会组织，也很少有涉及这类人群的社会服务项目，即使有所涉及，也未能对其社会适应发挥重要促进作用，所以在社会组织层面也出现了"组织失能"的情况。

---

① 这里的"组织失能"借鉴了文章：塔尼亚·伯泽尔，托马斯·希瑟，路昕. 国家统治能力不足地区失能的国家机构、信任和治理［J］. 国外理论动态，2016（5）：85-93. 在这一文章中的失能主要指的是国家机关的统治能力不足，具体指国家机构缺乏制定和贯彻有集体约束力的规则和提供公共物品的能力。

② 孔一，黄兴瑞. 刑释人员再犯风险评估量表（RRAI）研究［J］. 中国刑事法杂志，2011（10）：91-106.

当然，随着社会的不断进步，人们对曾经违反社会规范的社会成员较之以往更加宽容，但由于传统惯性思维的影响，大众的社会心理方面仍然存在歧视和排斥，这种排斥体现在刑满释放人员的社会交往、求职、社会参与等方面。因此，这种社会观念的歧视导致了刑满释放人员社会融入难度增加。就如某基层安置帮教工作人员贺某所说："刑满释放人员的社会地位应该受到法律保障。人们的思维方式、社会歧视、有色眼镜存在问题，人们不能理解他们，包括一部分领导。"实际上，政策的"区隔"、社会环境的"藩篱"以及"组织失能"是相互作用在一起的，人们往往将政策的"区隔"扩大化运用于现实生活中，政策的制定也会受到社会普遍价值观的影响，"组织失能"使得政策的执行效果大打折扣。在三者的共同作用下，刑满释放人员的社会适应就出现了受阻的情况。

第二节 刑满释放人员社会适应不良的生命历程原因分析

正如第二章所言，刑满释放人员社会适应不良的原因不能仅仅着眼于社会、家庭和社区等环境，还需要通过审视刑满释放人员的生命历程来究其缘由。空间的重大变化和时间的重要节点都对刑满释放人员的社会适应产生了重要的影响。

一、"收监—出狱"作为转折点的空间"断裂"

监狱有惩罚和改造的双重功能，但往往前者在现实中被重点强调，对改造功能的重视仅是对思想、行为的改造，忽视了对其保持一般公民生活能力的培养和维持，所以一个人数年之久被关押在高度警戒的监狱里，其回归社会后很难完全适应社会，使得其正常的社会化过程遭遇断裂，再社会化的进程困难重重，这增加了刑满释放人员社会适应的难度。在访谈中，对于监狱生活，刑满释放人员往往是一笔带过。通过进一步了解得知，并非他们不愿意谈起，而是由于监狱里单调性与重复性的生活模式很难被整合到个体的记忆中。服刑人员一旦进入监狱，就意味着告别原有的生活世界和搁置原有时间，以迎接新的时间[①]。刑满释放人员曾在狱中受到各方面的规范，包括作息时间、行为纪律、活动空间和思想动态各方面，这种规范既能达到改造一个人的目的，尤其能够使有罪之人接受惩罚，认识到犯罪的成本和危害，实现认罪悔罪的目的，但同时也能让一个人愈来愈脱离正常化的社会环境，使得其生命轨迹得到彻底的改变。这种改变不仅意味着生理、心理方面的改变，更意味着原来拥有的家庭、互动的圈子、交往的朋友的改变，还意味着他们社会身份发生的重大改变。在服刑过程中，他们的社会身份和角色单一，仅仅作为被管教者的角色，其他的角色技能也可能逐渐弱化甚至消失。尽管在其中，有家属的来访和社会力量的引入，但未有效形成角色互动，服刑人员无法承担角色责任和义务。也正因为此，一些监狱努力拓展服刑人员的社会角色，开展相关活动维持服刑人员与外在世界最低限度的互动。尽管如此，空间与时间的共同阻隔对刑满释放人员生命轨迹影响的作用是不可忽略的。

此外，服刑期间，服刑人员接触最多的是狱友，但在调研中发现，服刑人员与狱友交流的时间较少，交流的内容也较浅，究其原因，可能在于监狱方面防止服刑人员交往的负面影响于是对其交流做了限制，使其交流的机会以及交流的深度受到影响，这

[①] 卜清平. 时间—空间宰制视角下服刑人员的监狱适应性研究[J]. 河北学刊，2019，39（3）：178-185.

一点在潘祥辉、陈建国的研究中也有提及①。当然,即使在规训空间中有同辈关系的存在,这种关系也是建立在一个亚文化系统中,同辈关系和其他更广泛的系统也无法发生互动,同时也受到封闭的监狱空间的"宰制",因此可以说这种互动是单一的,无法发挥正常化的社会空间中的同辈关系的作用,也无法满足其作为一般公民技能掌握的需求。访谈得知,所调查的刑满释放人员的社会归属感普遍较低,他们发现无法适应社会的变化,感觉自己被家人、社区、社会所抛弃,觉得自己一无是处,并且刑满释放人员和同监人员总体上联系较少,或者说是在现实环境中无法满足其社会交往需要的情况下,最后才可能发生联系。

和监狱空间不同,一旦收监者出狱,其所处空间发生了巨大的变化,"出狱"已经构成了刑满释放人员的重要生活事件,使其生命轨迹发生重大改变。这种改变是在空间"断裂"的情况下发生的,如果没有相应的干预措施,势必对刑满释放人员是一种适应上的"冲击",这种冲击极有可能导致其社会适应受阻,导致其在社会适应上出现自我怀疑、自我否定和自我封闭的局面。值得庆幸的是,访谈对象虽然感觉到出狱后的不适应,但基本都享受到后续的安置帮教服务,现实中社区矫正社会工作也在快速发展,刑满释放人员出狱后的帮扶工作也越来越被重视。但是由于各方面原因,我国的社会安置与后续帮教工作配套措施并不完善。如某基层安置帮教工作人员李某说:"在改善家庭关系和社会关系方面,实际上外力作用不大,有些事情我们也不好干涉""实际上我们做得很少,做多了他们(指的是刑满释放人员)还不自在,我们重点是做好信息收集而已"。实际上,按照生命历

---

① 潘祥辉,陈建国. 传播与囚犯:服刑人员的信息渠道与改造效果研究——基于浙江省乔司监狱的调查[J]. 现代传播(中国传媒大学学报),2013,35(12):37—41.

程理论,"收监—出狱"作为刑满释放人员生命轨迹中的两个重要节点,我们是无法干预的,但是对其所形成的"意义"可以重新建构,如有些地方在收监前加强了对家庭环境的评估并做收监后的跟进,在出狱前增加过渡社区和模拟生活环节等,这些无疑会减轻刑满释放人员的空间"断裂"感,增进其社会适应。

二、"社会时间"的角色期待与现实环境的落差

生命历程理论认为,生活事件的影响和年龄极度相关,即如果生命个体没有在恰当时间内扮演社会期待角色,则可能会出现失衡状况。在访谈中得知,有些刑满释放人员正是由于在特定年龄阶段,如40岁还处于单身状态,其社会适应进程更难。相对应的,一个20岁左右的刑满释放人员,还没有到必须结婚的年龄期待,其社会适应更加容易。究其原因,前者有了结婚的社会期待,在参与社会生活中必不可少的涉及婚姻家庭问题,如果还处于单身状态则显得违背社会期待,成为社会中有"问题"的一类人。同时,自己在与同龄群体的互动中,也无形中形成了参照的压力,使得其陷于急需获取婚姻关系的困境中,外界与内在原因的叠加使得其适应进程更难。而后者的个体还处于"未婚"的社会时间中,在与中观系统互动中,没有婚姻方面的期待,人们认为年龄还小,浪子回头金不换,有改正的余地,有积极参与改变的期待,一旦个体努力改变自己,中观系统也将履行社会期待,给予一定社会支持,尽管这是一种期待的支持,但足以给刑满释放者增强积极改变的信心,从而促进其社会适应。

在一般情况下,刑满释放人员都有一段脱离正常化环境的隔离期,其恰当时间所扮演的特定角色定会受到影响,由于封闭化的监狱生活,其出狱后需要扮演特定角色的技能也很难习得,在一定程度上增加了完成角色期待的难度。因此,相对于正常化环境的人群来讲,他们履行其角色更难,也就意味着他们角色适应

受阻。就如很多访谈对象谈到自己与家人关系时,都不知道怎么与他们相处,更有一位父亲这样说,"很想亲近儿子,但不知道怎么做,也不知道咋交流"。其不同"社会时间"的度过方式不同,也就直接导致了其自身角色期待和现实环境的落差非常大。实际上,以上两个方面的适应困境原因都是和时间相关。"社会时间"的角色期待与现实环境的落差导致了社会适应困境的出现,但进一步分析,第一种情况是由于出狱后的角色增加期待所形成的适应不良的状况,而第二种情况则是由于角色技能丧失或减弱而带来的角色履行困境。如果谈到社会工作服务面向的话,前者更突显了刑满释放人员对关系建构的需要,而后者则体现了刑满释放人员对技能提升的需要。

三、自主性"丧失或受限"与自主性重提的冲突

如果"收监—出狱"作为转折点的空间"断裂"带来的是外在系统冲击的话,那么这种外在冲击也会波及刑满释放人员的微观系统,最主要的表现在其自主性"丧失或受限"与自主性重提的冲突上。

刑满释放人员在收监期间,处于一个封闭式的规训空间中,最为重要的是接受惩罚和完成改造工作,因此其工作着力于对所犯罪行的认识,对监狱规范的认同,对服刑的基本认识,服从规范的驱动力建构等,这些都是基于监狱系统的"意志"基础上形成的,服刑人员很少有发言权,其自主性很大程度上受限乃至丧失,当然这是惩罚与改造的需要。但是一旦服刑人员走出监狱,进入正常化的社会环境中,就意味着他或她从一个高度结构化、严密控制、非私人性的环境进入到一个社会性意义上开放的世界,这样的世界要求人具有自我调节、自我控制、自我管理和独立决策的能力。而一向习惯了遵从别人意见、听从别人指令的生活发生彻底改变,面对这种改变刑满释放人员会变得无所适从,

进而感到精神上的迷茫,思想上的恐慌,生活上的压力,交往上的恐惧,甚至会出现破坏性的行为以及走向重新犯罪的状况等。正如调查对象所普遍表示的那样,出狱前对生活充满了希望,甚至激动,但是更多的还是恐惧和害怕。

与自主性"丧失或受限"相对应,服刑人员走出监狱那一刻起,又面临着"自主性重提"的需求,这种需求既是刑满释放人员对自由的期待,更是社会对他们的一种期望。但是,由于空间和时间的区隔,自主性"丧失或受限"与自主性重提的直接过渡带来的是刑满释放人员内心强烈的冲突,既盼望回归正常环境,又害怕进入正常环境,既想做回一般公民,又自我信心不足。就如在访谈中所呈现的,"刚出来的时候啥都不知道,做啥子都别扭""刚出来那会,真不知道以后咋生活"等。自主性"丧失或受限"与自主性重提的冲突广泛地存在于刑满释放人员的社会适应进程中,和空间断裂一样,要想消除其负面影响,必须使冲突变得更加平缓。因此,如何消除自主性"丧失或受限"与"重提"之间的矛盾,是推进刑满释放人员社会适应必须考虑的问题。作为权力系统的监狱通过时间和空间对服刑人员进行管理和改造时,既要通过一系列的措施改造和规范服刑者的行为和思想,也要为服刑者留有一定的时间和空间自主性,使其保持相应的独立性[①],并实现服刑者从"接受惩罚、服从教育、行为改造、技能习得到合作适应"的时间上的变化,在时间脉络上促成自主性的渐变过程。同时,刑满释放人员的矫正帮扶类政策是必要的,矫正社会工作的功能并非仅仅在于为其提供安置类服务,还应提供自主性监督和培育的过渡性服务,让监督与自控逐渐在刑满释放人员的社会适应进程中实现转化,既要消除"监督真

---

① 卜清平. 时间—空间宰制视角下服刑人员的监狱适应性研究[J]. 河北学刊, 2019, 39 (3): 178-185.

空"的问题,也要重视"人的潜力与优势",将自我调控和有效监督紧密结合起来,发挥整合效应,促进刑满释放人员的社会适应。

综上所述,刑满释放人员社会适应不良并非是他们本身的社会适应力差所造成的,也并非由某个单一因素所造成,其原因既和刑满释放人员与系统互动情况相关,也和"收监－出狱"作为生活事件所带来的刑满释放人员生命轨迹的改变相关。因此,要想促进刑满释放人员的社会适应,必须采用系统思维和过程观点,全面地、整体地、系统地探寻推进之策。

第三节 问题视角抑或优势视角

刑满释放人员的社会适应"问题"的表现及原因是多方面的,不管是从当前的生活场域看还是从生命历程的轨迹看,都呈现出多样性和复杂性的特点。社会工作对人的基本假设是人是一个系统的存在,社会工作者或者社会工作服务机构本身作为服务对象的一种介入系统介入到服务对象的生命历程中。社会工作者如何看待刑满释放人员"社会适应问题"及其原因是工作开展的基本出发点。在社会工作学中,两个基本的视角即问题视角和优势视角被人们争论,下文将从两个视角出发,对本章进行小结,以便更清楚地认识和理解社会工作专业框架下刑满释放人员的社会适应问题。

社会工作中的"问题视角"亦称"缺陷视角",它的基本假设是服务对象的困境是由于某种"缺乏"或者"缺陷"以及"不足"所造成的。正因为如此,服务对象问题的解决需要依靠专业人员和外界资源,专业人员依靠专业本领确定服务对象的治疗目标和实施方案,并做出专业性的评估,以达到专业性的目的。问题视角聚焦于服务对象的"问题",并着力于对问题的专业干预,在某种程度上确立了社会工作者的专业地位,也富有科学性地将干预效果呈现给工作相关主体。社会工作中的社会诊断、结构功能、心理社会、游戏治疗、任务中心、危机干预、问题解决、家庭治疗以及精神分析等模式都是以问题视角为切入点的。问题视角认为,社会工作者在分析服务对象的问题和所遇到困境的时候,必须清晰准确地界定问题,并根据问题的特性分析问题产生的原因,以及实施一系列针对问题原因的干预策略,以使得向工作者欲求的方向改变,最终实现服务对象问题的解决,即目标的达成。问题视角的切入还不如说是社会工作者一种强有力的专业力量的介入,在介入的过程中,服务对象会逐渐适应并习惯这一外在系统,即社会工作系统,并对之产生越来越深的依赖心理,所以在这一视角下的社会工作实务往往要强调服务结束之后的效果持续性。从整个过程来看,问题视角在一开始会聚焦服务对象的问题和需要,并在问题界定的基础上寻找策略对问题予以回应,所以问题视角切入的社会工作实务具有明显的功能主义倾向和实证主义传统。

如果单纯地在以问题视角为切入点的情况下解释刑满释放人员的社会适应的话,那就会更加关注"社会适应出了什么问题""哪些适应需要还没有被满足""社会工作者针对问题和需要做些什么""要满足哪些需要""适应问题如何被有效评估和测量""问题解决的有效性如何被说明"等。当然如果仅从问题视角入手,也可能如学界和实务界所讨论的那样,带来一些不可避免的影响,这些影响可能是针对服务对象的,也可能是针对服务的相关系统的。就服务对象而言,由于对问题的过多关注,忽视了服务对象的主观能动性,服务对象的"无能感、无力感和无用感"被潜移默化地加强和内化,尽管最后问题得以解决,需要得以满足,目标得以实现,尽管服务对象的外在系统得以改变,但是系统中的"服务对象"仍旧如此或出现倒退现象,于是就对外在系统有了更为强烈的依赖。在我们的访谈中,这种结论也隐约出现。刑满释放人员抱怨帮扶措施的不到位、取消或减弱对自身生活产生的影响,埋怨自身的错误和能力不足导致现在的生活困境,甚至出现自暴自弃或安于救助现状的情况。就服务对象的相关系统来看,问题视角为工作开展和目标达成提供了极大的便利,它使得问题更加清晰、需求更加明确,问题分析和需求分析更加有逻辑,同样使得干预过程更加便于操作和控制,效果和目标更加能够被衡量和呈现。与此同时,由于在问题视角下的介入系统更加主动和强势,使得服务结束后很难从服务对象的系统中撤离出来,从而使得效果在介入缺席的状态下很难长久保持。另外,问题视角最直接的负面影响当属服务对象标签化,刑满释放人员是曾经犯过错的、对社会造成一定伤害的、受过刑罚监禁的人,刑满释放之后其往往会出现"觉得低人一等""自己的犯罪记录是终生的污点"的心理状态,刑满释放人员在被判犯罪和收监时也已经被社会贴上了负面的标签,释放前的"罪犯"身份、释放后的"刑满释放人员"的称呼和身份使其在回归社会、适应社会的过程中面临着诸多困难和阻碍。

优势视角正是对问题视角的"问题"的回应及补充,或者是对社会工作活动本质回归的再审视。服务对象的潜力与潜能被忽视是"问题视角"最大的问题,在优势视角下,案主的潜力和潜能被关注,案主被界定为是一个充满优势的人,这种优势既可能是个人的优势,也可能是环境的优势,服务对象本身就充满着能力,周围充满着资源,"希望、责任、能力、信任、合作、资源和机会"等积极性词汇被强调,案主的主观能动性被重提,人本理念被充分重视。在这一视角下,工作者的介入重点不再聚焦到刑满释放人员的社会适应的问题上,而是聚焦于刑满释放人员社会适应的"优势"上,比如关注"怎么有效地应对长时间的监狱生活的经验""刑满释放人员对未来生活的美好愿望以及为之付诸的努力""刑满释放人员已经拥有的资源和资源发挥的作用"等,总而言之,优势视角将服务对象推向前台,强调以服务对象为中心,强调服务对象是一个主动而为、主动有为的个体。尽管优势视角后于问题视角产生,但并非说明优势视角优于问题视角,正如塞利贝所认为的那样,优势视角的提出并不是为了否定服务对象问题的存在,而是希望改变以往过分关注服务对象问题的现象,让人们能够同时注重服务对象的能力和机会。或者换句话来说,优势视角是给社会工作实务界提了个醒,在大力推进问题视角下的实务的同时,不要回避问题视角的问题,不要忘记社会工作的价值;同样,在广泛传播优势视角的同时,也不要忽略问题视角的优势,只有两者充分结合才相得益彰。也正如有些学者所言,评估服务对象及其家庭的问题、痛苦、困难和病症是社会工作服务不可忽视的部分,优势视角的关键是寻求平衡、有效的社会工作服务[1]。

如果单纯地在优势视角为切入点的情况下解释刑满释放人员的社会适应的话,也会带来一些负面效应。正如陈友华、祝西冰所认为,优势视角为服务对象提供了一个哈哈镜,而非平面镜,哈哈镜下服务对象会失去正确认识与看待自我的源泉与勇气,迷失自我[2],对特殊的刑满释放人群来说,更是如此。首先,刑满释放人员与其他人员不同,犯罪始终是一项已经发生的客观事实,在当前的现有社会场景下,刑满释放人员很难被广大社会成员所认同和肯定,很难通过"我可以""我能行"的自我励志式打破现有的被区隔局面,仅从优势视角出发很难在现有场景下发

---

[1] 童敏. 从问题视角到问题解决视角——社会工作优势视角再审视[J]. 厦门大学学报(哲学社会科学版),2013(6):1-7.
[2] 陈友华,祝西冰. 中国社会工作实践中理论视角的选择——基于问题视角与优势视角的比较分析[J]. 山东社会科学,2016(11):73-79.

挥作用。其次，优势视角虽然让社会工作者看到了社会工作实务的本质，但如果过度强调优势视角的话，势必忽略刑满释放人员的基本需求和问题，按照需要层次理论的观点来看，基本需要没有解决则是无法实现高层次的需要的，社会工作者也很难通过切实有效的实务活动介入这一人群，很难通过显而易见的服务获取刑满释放人员乃至其家庭的信任，进而影响服务的开展。再次，优势视角强调刑满释放人员的优势，包括个体的优势和周边的资源，但现实是，更多的刑满释放人员确实处于"难以适应"的问题中，其生计确实需要帮扶，污名化现状确实需要关注，这些问题必须予以直面和解决，才能回应刑满释放人员的实质问题。由于刑满释放人员长久地离开现实自由社会，所以其"优势和资源"很难或一时很难被挖掘和激发。最后，优势视角下的适应工作效果很难被有效评估，优势的界定和挖掘具有极强的灵活性和差异性，很难被量化和有效追踪，只有回到"问题解决"上来，才能呈现其干预效果。可见，尽管优势视角为刑满释放人员的适应工作提供了重要的切入点，尤其在工作价值上，但它却有着"人本脉络"发展而来的固有的缺陷，抛弃问题视角的优势视角是不可取的。

显然，在社会工作实务中，问题和优势是观察和审视服务对象生活的两个不可或缺的维度，必须同时予以关注。在问题视角和优势视角的抉择中，没有孰优孰劣的问题，只有具体场景的适用和不同阶段的结合的问题。刑满释放人员的社会适应工作也是如此，社会工作者首先要在问题视角的指导下，对刑满释放人员的适应问题进行有效的诊断，尤其要关注到刑满释放人员基本需要满足、初级群体的接纳和自我适应主动性建立等相关议题，同时，要在问题评估和需求分析中加入优势分析，协助刑满释放人员评价自身优势，共同推进刑满释放人员和工作者对问题与优势的认识。其次，在适应工作的推进阶段，既要借助外界系统和资源的介入，强调刑满释放人员对自身生命轨迹的充分理解，更要强调他们在与其他系统互动中的优势和自身生命故事的正向叙事，在回应适应需要和解决适应问题中实现对优势的不断建构，采取优势视角中的价值策略，诸如自我负责、改变能力、互助合作、积极回应、外化提问、寻求替代等价值准则[①]，更好地满足刑满释放人员的社会适应需要，协助他们解决面临的问题。再次，社会工作者要采取不断反思的渐进性方法，达成"问题"与"优势"的充分互动，在解决问题中建构优势，在优势建构中解决问题，让两种视角融合在一起，为刑满释放人员的社会适应服务。最后，不管是优势视角还是问题视角，都指向刑满释放人员社会生态系统的均衡和生命历程的持续，通过问题的解决和优势的建构，促成刑满释放人员在"空间—时间"两个维度上的良性互动。

---

① 陈友华，祝西冰. 中国社会工作实践中理论视角的选择——基于问题视角与优势视角的比较分析 [J]. 山东社会科学，2016（11）：73-79.

第五章 推进刑满释放人员社会适应的社会工作视域

在社会工作框架下分析刑满释放人员的社会适应，必须要将其社会适应与正常化环境中做好一般公民的需要对接起来，与刑满释放人员的环境系统及时间系统对接起来，要实现理念的转型与跨越，实现"惩罚—感化—改造"导向的工作向"感化—改造—适应"导向的工作转变，要在"人在环境中"理念下全貌地、系统地、有序地推动刑满释放人员的社会适应工作。

第一节 推进刑满释放人员社会适应工作的基本理念

刑满释放人员的社会适应工作与一般人群的适应工作有相通之处，更有特别之处，它更强调空间激烈变换、时间急剧变迁所带来的影响。社会工作视域下推进刑满释放人员社会适应工作，必须要树立系统思维，要强化过程管理，要善用个案管理，要强调优势视角。

一、树立系统思维

刑满释放人员的社会适应目标指向并非止步于阻止重新犯罪，而是要在适应进程中逐步形成满足于成为一般公民需要的系统，实现从"监狱人"向"社会人"的转变。此处的系统不仅指面向个体的微观系统，也包括面向环境的中观与宏观系统，以及各系统间的有效互动，只有系统内部以及各系统间达到均衡，才能满足刑满释放人员作为正常化环境中一般公民的需要，才能达到一种良好的适应状态。这种良好的适应状态的达成，有赖于多层次系统的建构和多元化需要的满足，需要工作者从整体上全面地、系统地把握刑满释放人员的社会适应需要，才能推进适应工作的顺利前行。树立系统思维，已经成为实现"惩罚—感化—改造"导向的工作向"惩罚—感化—改造—适应"导向的工作转变的必备理念。

树立系统思维，就是要确保社会适应目标的整体性和对适应不良原因认识的全面性，在此基础上综合性地推进刑满释放人员的社会适应工作。工作者要在具体的实务中，处理好具体服务与适应目标的关系，不能把一项服务工作当成社会适应工作的全部，要在社会适应总体目标的层面上统筹和谋划每一项服务。如在实际中要开展刑满释放人员技能提升类的服务，还需要考虑的是当他们技能提升后，是否有相应的平台可供他们施展这些技能，这些技能是否真正地有利于他们生计的可持续发展，这些技能提升类服务是否有利于帮助他们建立新的社会支持系统，以及对已有的社会支持网络是否有巩固之作用等。整体性是系统思维最为基本的特征，整体目标和具体目标之间是相互联系密不可分的。刑满释放人员的身份适应、家庭适应、职业适应和社会交往适应是相互联系和相互作用的，既要看到其独立性、更要看到其联系性，唯有在社会身份、家庭关系、职业生计、社会交往等方面实现全面的适应，才能确保社会适应整体性目标的达成，缺少或仅强调一项适应都会影响整体目标的实现，只有放在社会适应这个大系统中去推进才能找到解决问题的有效办法。全面性就是要求工作者在审视刑满释放人员社会适应不良原因上，要全面考量，综合分析，协调应对。刑满释放人员的社会适应有一定的复杂性，适应不良的原因是多方面的且交织在一起的，可能涉及是适应能力的低下、家庭系统的不接纳，也可能是社会民众的歧视、制度安排的排斥，还可能涉及年龄、性别、生理、心理等多重因素的影响。社会工作者要有想象力，应该将刑满释放人员放在社会关系网络和社会结构之中，致力于探究造成其焦虑和冷漠的结构因素，以及生活历程、历史和它们在社会结构中交织的问题①，多维度全面地探讨其适应不良的原因，这样才能综合性地分析应对之策。全面性意味着要面面俱到，但并非事无巨细。在社会适应工作推进过程中，社会工作者要抓重点抓关键，从重点和关键出发辐射和延伸相关原因应对和相关问题的处理。再借用生计能力缺乏这一例子，除存在能力不足问题外，刑满释放人员可能还存在自我污名化和效能感不高的问题，也存在社会交往支持不够和社会支持排斥的问题，如果我们以生计能力缺乏为重点和关键的话，那在这一服务提供中就要考虑和设计消除刑满释放人员的自我污名和强化刑满释放人员的社会支持等问题，而不用单列服务来应对后两个问题。简言之，确保目标整体性和原因的全面性是刑满释放人员社会适应社会工作要遵循的基本原则。

树立系统思维，就是要确保社会适应工作的关联性和层次性，要采取全方位思维和立体思维，采用点面结合、以点带面的工作方式，来推进刑满释放人员的社会适应工作。要采取社会工作学中"全人"的理念理解刑满释放人员在社会适应中的需要，从身、心、社、灵分析他们要成为一般公民的可能需求，在既追求生存与生活，也追求成长与发展，既追求帮助与协助，也追求自强与自立的导向下开展社会适应工作。对社会工作者来说，不

---

① 陈立周. 社会工作想象力与中国社会工作的转型［J］. 思想战线，2014，40(3)：69-74.

仅要强调刑满释放人员物质生活的救助,关注其生活适应,也要强调作为一般公民的精神层面的需求,关注其交往适应;不仅要强调作为一般公民能力建设的自主性需要的满足,也要强调作为一般公民的中介性需要的满足;不仅要关注刑满释放人员的自我身份的积极建构,也要致力于社会支持环境的不断建构,要从全人发展理念的视角推进社会适应工作。社会工作者要将预防性、治疗性与发展性社会工作与适应性社会工作紧密糅合,要实现全链条、全历程、全方位的社会适应性服务的设计,要在刑满释放人员尚未出狱前就设计并开展各项社会适应不良情况的预防性工作,要在刑满释放人员进入社会后出现社会适应不良情况时及时提供治疗性服务,要在刑满释放人员适应社会生活时提供各种发展性服务,最终使刑满释放人员在正常化的社会环境中作为一般公民能够正常化乃至高质量的生活。除此之外,社会工作者要采取点面结合的方式,既要重视各个需要的满足、各个节点的服务和各层系统的建构,更要在整体上把握需要之间的联系,把控节点之间的衔接,掌握系统之间的交互机制,要将系统构建和节点的服务统筹到需要的满足上来,要将需要的满足统筹到人的全面发展上来,要将人的全面发展统筹到社会适应上来。

  树立系统思维,就是要确保社会适应工作系统的开放性、功能性和平衡性,统筹好、调动好各方力量,协调好、调度好各个环节,整体性地推进刑满释放人员的社会适应工作。所谓开放性,即指系统要维持自身发展需要从环境中获得必要的物质、信息和能量,必须向环境开放①。刑满释放人员本身就是一个系统,这一系统要实现社会适应,必须要保持对社会中的其他系统开放,并与之形成有效互动,以获取其赖以适应的物质、能量和信息。开放性的特点就要求在推进刑满释放人员社会适应过程

---

① 易小明. 论系统思维方法的一般原则[J]. 齐鲁学刊,2015(4):57-63.

中，要有开放的视野和发散性的思维，打破力量的专业界限和部门界限，充分整合各方力量共同参与到适应工作中来。如国家系统和社会系统的对接，监狱系统和家庭系统的对接，社会工作者与心理工作者的对接，市场组织与社会组织的对接，顶层设计与基层探索的对接，正式支持和非正式支持的对接等，让刑满释放人员在系统互动中进行社会适应。此外，在确保系统向各个力量开放的同时，还要遵循功能性原则和平衡性原则。功能相对于系统而言，次系统功能是否发挥以及发挥是否良好关系到整个系统的运行，对刑满释放人员的社会适应工作也是如此。监狱的教育改造功能、基层的安置帮教功能、制度的社会保护功能、社会的援助支持功能是否协调性的发挥，关乎着刑满释放人员的社会适应效果，如何实现"监狱人"向"社会人"的过渡，需要这一过程中各个系统功能的协调发挥。

总而言之，刑满释放人员的社会适应工作是一个系统工程，需要整体性规划社会适应的目标，需要多维度审视影响社会适应的因素，需要全方位进行社会适应服务的设计，需要开放性地整合各方力量。要促进政社分工合作，形成民政、公安、司法、社保共同推进，街道、乡镇组织具体实施，社会组织协同参与的刑满释放人员社会适应服务供给体系。

二、强化过程思维

过程思维，既属于哲学层面的重要议题，也属于具体学科层面的重要思维方式。前者涉及"过程哲学"，正如马克思、恩格斯所认为的那样，世界是过程的集合体，"自然界中的一切运动都可以归结为一种形式向另一种形式不断转化的过程"[1]。过程

---

① 马克思，恩格斯. 马克思恩格斯选集（第3卷）[M]. 北京：人民出版社，1972：241.

贯穿于人类社会的整个生活，过程思维将任何事物与活动，都看作是"前后相继的过程，过程乃机体诸因子之间有着内在联系的、持续的创造活动"①。后者则与学科中的思维方式相关，尤其体现在教育学中，过程的关键在于"生成"，生成包括创造性生成、发展性生成和实践性生成三层含义②。过程思维强调"历时性"与"共时性"的有机结合。在社会科学中，过程思维经常与结果思维和任务思维相对，相对于后者而言，前者更注重活动过程的正当性、渐进性、持续性和系统性。就刑满释放人员的社会适应工作来看，并非是一项任务，也并非仅仅看其结果，它是一项渐进性、长期性、有序性的工作过程，需要将过程思维贯穿工作始终。过程思维运用于社会适应推进工作中，不仅缘于社会适应工作的复杂性，也是基于对适应需要满足的层次性考虑，更是基于对刑满释放人员生命历程的考量。在适应工作推进中，不仅要从横向的环境出发，统筹系统重建中的平衡和多元力量的协同参与，也要从时间脉络出发，在工作阶段与环节中实现有效衔接，渐进性地而非突进性地推进刑满释放人员的社会适应工作。

强化过程思维理念，就是要在时间轴上强调刑满释放人员的社会适应是一项系统工程，确保各个环节和阶段有效衔接。按照社会学的观点，刑满释放人员的社会适应就是再社会化的过程，即"放弃先前的行为，并接受新的模式，以作为生命中转型"③的过程。在这一过程中，涉及旧行为的放弃、新行为的养成，涉及一种新的生活方式的形成，行为的改变和新生活方式的形成必

---

① （美）阿尔费雷德·诺思·怀特海. 思维方式·译者序言［M］. 黄龙保，等译. 天津：天津教育出版社，1989：3-4.
② 宗秋荣. "过程思维与学校教育创新"国际学术研讨会纪要［J］. 教育研究，2008（5）：109-110.
③ 理查德·谢弗. 社会学与生活［M］. 刘鹤群，房智慧，译. 北京：世界图书出版社，2008：107.

然与刑满释放人员个体认知的变化和周遭环境的变迁相联系。不管是认知的变化还是环境的变迁,对刑满释放人员来讲,都是一个渐进性的"过程"。在这层意义上来讲,要促进其社会适应,必须要确保时间轴上的连贯性和统一性。刑满释放人员在实践层面也被称为"更生人士",之所以被称为更生人士,就是希望他们能够重新开始新的生活,但尽管如此,其新生活的开始必然与原有的认知框架和生活模式有千丝万缕的联系,在过程思维下,这一点是不可忽略的。实际上,社会中的每一个个体都面临着社会化和继续社会化的过程,也就是说,每一个个体一生都在社会化的进程中,刑满释放人员也不例外。换句话来说,刑满释放人员的社会适应不仅是再社会化的过程,也包括了继续社会化,是一个长期的"融入—适应—融合"的循环过程。在这一过程的每个时期,都有阶段性的需要和面临的外在环境,这些需要之间互相联系,具有强烈的时间逻辑,需要的有效满足促成了刑满释放人员的生命历程。强化过程思维理念就是要强化适应工作的阶段性、内在逻辑性和生命历程的持续性。

强化过程思维理念,就是要改变当前任务导向的思维模式,形成以人的全面成长与发展为目标的工作模式。这里可以借用社会工作学者罗斯曼的观点,他将社区工作目标分为任务目标和过程目标,所谓任务目标是指特定问题的解决,完成具体的工作任务来满足需要,过程目标则指向了社区居民的成长和社区的发展。过程目标着力于服务对象的长远改变与持续发展,它更强调的是一种能力的形成,以及能力已经发挥并持续发挥作用。过程目标和过程思维不谋而合,两者共同强调服务对象改变的持续性,在某种意义上,过程目标是过程思维的具体延伸,过程思维是过程目标形成的思想基础,两者互相推进服务对象的改变与发展。况且,在社区工作实务中,以"过程目标"为主的地区发展模式特别强调社区居民的参与,唯有服务对象的参与才能实现服务对象的自决，唯有服务对象的自决才能实现服务对象的"助人自助"。在刑满释放人员的社会适应工作中，如果一味地以"任务目标"为引导的话，那只能解决刑满释放人员的具体问题，同时由于缺少刑满释放人员的参与使得其能力没有得到足够重视和开发，一旦脱离帮助者，刑满释放人员的社会适应可能会戛然而止。唯有以"过程思维"为工作的出发点，以"过程目标"的实现为行动的引导，着眼于"社会适应"这一长远目标的实现，强调刑满释放人员的主观能动性参与，才能实现其适应能力的实质提升和生活情景的均衡变化，刑满释放人员的社会适应目标方可达成。

强化过程思维理念，就是回应刑满释放人员社会适应中的多层次需要，就是要回应刑满释放人员社会适应环境的均衡性、持续性的建构。社会适应的复杂性决定了适应工作的综合性、层次性和系统性，不管是身份适应、家庭适应，还是职业适应与社会交往适应，它们往往交织在一起，互为诱因。因此，从任何一个方面来应对刑满释放人员的社会适应问题都是乏力的，唯有全面发力才能推进其社会适应进程。加之刑满释放人员与其他群体不同，他们作为极其特殊的一类群体，赋予着"惩罚与改造"的双重社会期待，经常面临着既充满期待又充满歧视的社会环境，遭受着"充满矛盾"的服务内容，这使得其适应工作更为复杂。适应能力的实质提升和适应环境的均衡性建构是刑满释放人员社会适应工作的重要内容，在其适应进程的推进过程中，要以刑满释放人员的需要为出发点，要以逐层激发其需要为工作的着力点，在渐进性满足其需要的基础上开展能力拓展和能力建设，在能力发展的同时构建其适应环境，确保适应系统生态的形成。可以看出，过程思维理念强调刑满释放人员改变的渐进性和系统性，社会工作者务必要和其他工作者一道，在回应刑满释放人员需要的同时，着力于"适应能力和适应环境"的干预性工作。在具体的工作中,要在时间轴上协调好"惩罚、改造与适应"的关系,改造的过程就是激发其正常化需要的过程,而正常化需要是促进其正常化行为形成的前提,正常化行为是适应能力的具体表现,一旦刑满释放人员具有这种表现,改造的阶段性任务就已基本完成。在适应阶段,社会工作者要致力于适应能力和适应环境的匹配,换句话来说,要努力确保其基本需要和中介需要的同时达成,这样才能综合性地推进刑满释放人员的社会适应。

综上,不管过程思维作为一种理念还是一种具体的指导原则,它都强调刑满释放人员社会适应的过程性。正是由于社会适应过程性的特点,所以实现社会适应的目标往往周期长,难度大,见效慢,因此在现实生活中,相关社会力量很多都着力于任务目标的完成,进而影响了刑满释放人员的社会适应的进度和效果。实际上,刑满释放人员的社会适应工作最终目标就是通过系统的干预最终使其自立自强,自主地参与社会生活。因此,要真正有效地推进刑满释放人员的社会适应,必须强化过程思维理念,着力于过程目标的实现。

三、善用个案管理

刑满释放人员社会适应问题不是一个单一的问题,也不能采取单一的社会工作方法来应对与解决,加之在社会适应工作中,社会支持网络的建构和刑满释放人员个体的社会融入至关重要,因此可以将个案管理模式运用其中。在社会工作领域,个案管理是既非直接也非间接的一种方法,是一种整合性工作方法[1],它兼具服务和管理的双重功能,在聚焦于服务对象各种积极改变的基础上,注重各种服务、力量和资源的协调和有效性,这与刑满

---

[1] 仝利民. 个案管理:基于社区照顾的专业社会工作方法[J]. 华东理工大学学报(社会科学版),2005(2):29-33.

释放人员社会适应工作的内容和要求相契合。一方面，服刑人员出狱后的最低限度目标就是不再犯罪，要对之进行跟踪管理，这也是目前基层司法部门开展帮扶安置的重点之所在；另一方面，服刑人员出狱后是否适应社会以及生活质量如何也愈来愈成为矫正工作的重点。目前来看，前者更多的是通过管理来实现，后者更多的是通过服务来达成，个案管理模式兼具管理与服务两大功能，为两方面工作以及目标的兼容提供了可能。此外，莫克思雷（Moxley）认为促使个案管理模式兴起的原因有：去机构化对人群服务的影响，去中心化的社区服务的影响，服务对象问题的复杂性，社会支持网络对个人的重要性，片段式服务的缺陷和对社会服务成本—效益的关注等①。以上因素在当前的刑满释放人员社会适应中依然存在，片段式、缺乏体系性和整合性的服务体系已经成为阻碍刑满释放人员社会适应的重要障碍，刑满释放人员社会适应的问题复杂性也成为开展各项工作的难点。实际上，发达国家在监狱管理和矫正罪犯领域已经广泛运用了个案管理模式②，并取得了显著的成果。

具体来看，在刑满释放人员适应工作中运用个案管理模式有以下原因：一是这项工作是以个案服务为出发点，尽管在服务中存在小组或社区为形式的服务，但以上两种形式会将刑满释放人员的以往经历充分暴露出来，往往会增加他们的污名化程度，出狱人员往往不主动透露自己的服刑经历和刑满释放人员身份，也是由于此；二是正如前文所谈到的，刑满释放人员的社会适应需要是多方面和多层次的，他们在适应中往往遇到多重问题且多重问题交织在一起，如身份认同的问题、家庭接纳的问题、社会融

---

① 许临高. 社会个案工作：理论与实务［M］. 台北：五南图书出版社，2004：579.

② 周勇. 监狱管理矫正工作科学化的概念内涵与实现路径［J］. 中国司法，2016（10）：67-71.

入的问题、制度排斥的问题等,这些问题交织在一起增加了适应工作的难度;三是需要整合不同的资源、服务和力量,且在这些服务当中需要有效的协调和优化的配置,以保证资源不被浪费和重复服务,以至于影响服务的有效性;四是在刑满释放人员的社会适应工作中需要关注资源的找寻、链接、配置、协调和评估等,是一揽子的服务与管理工作。正是由于以上原因,在刑满释放人员社会适应中多用善用个案管理模式,有利于提升工作效果和效率。进一步来讲,刑满释放人员社会适应工作不仅意味着物质生活的帮扶,还包括思想心理改造、科学文化教育、职业技能培训、公民教育,以及家庭关系的处理、社会关系的重建、物理环境的适应等。多元化的需要与任务意味着需要多元力量的参与,在政府部门中,它可能会涉及司法、公安、民政、教育、人力资源与社会保障、住房与建设等部门,在工作团队中,它可能会涉及社会工作者、心理工作者、教育工作者、社区工作者、法律工作者等,要推进刑满释放人员的社会适应工作,需要与不同的部门和人员打交道,进行资源的协调与整合,对服务活动做出统筹性安排,才能减少资源的浪费,确保服务的有效衔接,获得最佳服务效果,这些都是个案管理模式所强调的。

善用个案管理思维,就是以刑满释放人员个体为服务对象,围绕其多元需要开展资源链接和协调以及直接服务的工作,以促进刑满释放人员的社会适应工作。以个体为服务对象体现了个案管理中的个别化原则,每一个刑满释放人员的需要和面临的问题是不同的,需要针对性分析和个别化应对,提供精准化的社会适应服务。多元需要意味着个案管理员在评估之时到服务结束后,都要把刑满释放人员的社会适应看作是一项综合性服务,要开展综合性评估,进而建立整合性的服务方案。当然,在实际的运行中,可以打破一对一的模式,可能形成一对多的服务模式。比如德国政府在1930年针对监狱服刑人员提供了一项服务,即由1

名社会工作者对应3~5名服刑人员组成的小组,社会工作者协调各个部门为服刑人员制定改造计划,提供多元化的服务,以帮助其在出狱后尽快适应和融入社会①。尽管是一对多,但在具体运作过程中,仍旧要遵循个别化的原则,满足多元化的需要。

善用个案管理模式,就是链接和整合多元化的资源和力量,并进行最优化配置以促成社会适应服务的有效性和持续性。在具体的操作中,我们要注意三个方面因素,一是要进行资源点存,明确各种可用资源的品质与类型;二是要谋划获取资源的途径,并将资源与案主服务对接起来;三是要建立各力量间的协同机制,进行优化整合,形成提供包裹式服务的力量网②。此外,服务的有效性包括两个方面,即确保服务指向社会适应的总目标和确保各力量高效提供服务,要达到有效性,还必须在其服务中树立项目思维,也就是说,要把一个刑满释放人员的社会适应当作一个项目来做。这样一来,社会适应工作不再是具体单一的,一个一个的服务,而是从目标设定、计划制定、服务开展和项目评估的一整套的服务,个案管理者成为项目的管理员,刑满释放人员的社会适应成为项目的总目标,按照项目管理的方法对之进行有效管理,以达到刑满释放人员社会适应的目的。此处需要注意的是,个案管理中管理的对象并非刑满释放人员,管理的对象是为其社会适应提供服务的资源和力量,以及这些力量在具体服务活动开展的各个环节,对资源、力量和环节的协调是个案管理的主要内容,这就需要工作者不仅掌握社会工作的相关知识,也要掌握行政学和管理学的相关知识,做好协调与管理工作。与此同时,个案管理模式也特别强调"助人自助"的社会工作价值观,

---

① 高梅书,张昱.国外出狱人社会适应研究及对当代中国的启示[J].华东理工大学学报(社会科学版),2013(1):32-43.
② 仝利民.个案管理:基于社区照顾的专业社会工作方法[J].华东理工大学学报(社会科学版),2005(2):29-33.

工作者不仅致力于服务网络的打造，增加客观支持，更要不断提升刑满释放人员的资源运用的效能感，扩展主观支持，增强其运用资源和利用网络的能力，确保服务和能力的持续性，使刑满释放人员能自主性地进行社会生活。

善用个案管理模式，不仅意味着要链接和整合资源，而且要把个案管理思维贯穿于社会适应全过程。首先，从预估开始，就要关注刑满释放人员的多元需要以及需要间的逻辑关系，厘清问题解决的先后顺序，确定整体性的工作目标；其次，要制订综合性的服务方案，确保方案、总目标及分目标之间的逻辑关系，并形成针对综合性服务方案的评估方法；再次，要链接并整合资源，协助多专业团队对"共同性的目标"的认同，并在协调与统筹下推进服务工作；最后，对综合性服务与整合性目标进行评估，并巩固刑满释放人员社会适应的成果。可以看出，个案管理思维意味着工作员既要扮演直接服务的角色，也要承担间接服务的角色，服务与管理并重，在其中不仅涉及力量的整合、资源的整合，还涉及需要的整合、介入系统的整合、干预目标的整合，以及服务网络的构建等，通过整合型服务推进刑满释放人员的社会适应工作。

总而言之，在刑满释放人员的社会适应工作中，工作者除了为刑满释放人员提供一般性的具体服务外，还应善用个案管理方法，为刑满释放人员做链接资源工作、多专业人员协调配合工作、资源的优化配置工作、服务网络的构建工作，促成综合性的服务体系。在服务体系构建过程中，也应注意刑满释放人员的主观能动性，提升其运用资源、利用网络以及网络运营的能力。必要的时候，工作者要担当代言人的角色，表达刑满释放人员的诉求，为其倡导相关政策与制度的修订。

四、强调优势视角

如前文所述，刑满释放人员的社会适应的最终目的，就是让刑满释放人员能够在正常化社会环境中如其他公民一样，自立自主地生活。达到这一目的的前提条件就是必须尊重刑满释放人员的潜能，相信他们有改变现状的潜力，要在承认他们当前的"弱势"地位的同时，肯定、挖掘和利用他们的优势和资源，相信他们在恰当运用优势和资源的情况下，能够有效应对并解决社会适应中的问题和困境。因此，刑满释放人员社会适应的工作者，不仅应关注刑满释放人员社会适应中存在的问题，更要强调刑满释放人员的优势，不仅建立起助人者和服务对象的关系，更要强调一种平等的伙伴关系。工作者的关注点应是刑满释放人员的才能、兴趣、爱好等，而非其缺陷和不足，工作者的基本角色是引导者、协助者和支持者，引导刑满释放人员发现优势，协助他们利用优势应对生活困境，并支持、肯定和强化其优势，增强其适应力。这一问题在第四章的第三节中已经探讨过，尽管最后得出的结论是问题视角和优势视角没有孰优孰劣的问题，只有具体场景的适用和不同阶段的结合的问题，但是由于在目前实务工作中特别强调问题视角，甚至问题视角已经贯穿工作全过程，对刑满释放人员的适应工作已经产生不良影响，因此，在这一背景下，需要把强调优势视角提到社会适应工作的特别位置，以修正当前的思维误区。

实际上，强调优势视角是和社会适应中的"助人自助"的最终目的相关。刑满释放人员的社会适应不是被动的适应，是刑满释放人员主动的适应，是要达到一种主体与客体良好互动的状态。优势取向的思维模式和实务观点不是强调人在环境中是一个被动的人，受问题困扰的人，去解决问题满足需要，而是强调要把"优势"作为着力点，主张帮助案主寻找并相信自身所具有的独特价值①，以此来推动服务对象的发展。同时，在优势视角下，服务对象和工作者是一种合作关系，强调通过互惠的、信任的、友善的、实现目的的、增强的关系建构②，以达到服务对象的改变与发展。相对于以"问题解决、需要满足"为主要目的的任务目标的达成，优势视角更强调过程目标的实现，着力于服务对象的长远复原③。在社会工作学中，参与与自决是实现服务对象"助人自助"的基本理念和手段，优势视角均有强调。将优势视角运用于刑满释放人员社会适应中去，就要求工作者把服务对象的优势及其所在的环境中的各种资源作为助人自助的基础和焦点④，把刑满释放人员看作一个积极的合作主体，协助他们从社会适应之困中解脱，工作者要和他们一起，在共同努力下寻找和激活未被发现的优势和资源，通过优势的激发和资源的盘活，不断创造更多的机会与可能性，让其进行多元化的尝试和积极生活的建构，最终达成以主体性充分发挥为主要形式的社会适应。

强调优势视角思维，就是要突破以往对刑满释放人员的"问题"标签，强化刑满释放人员的自我正向暗示，为其积极心态的形成和良好的社会适应打好基础。实际上，相关研究表明，刑满释放人员重新犯罪和其犯罪经历并无多大关系，其走向犯罪更多缘于出狱后的生活环境与生活境遇，社会环境中的"问题"标签

---

① 宋丽玉，施教裕. 优势观点——社会工作理论与实务［M］. 台北：台北红叶文化，2009：98.
② Rapp. C. A., The Strengths Model: Case Management with People Suffering from Severe and Persistent Mental Illness［M］. New York, NY: Oxford University Press, 1998: 62—65.
③ 孟洁. 社会工作优势视角理论内涵探究［J］. 华东理工大学学报（社会科学版），2019（1）：55—64.
④ 何志扬，田晚荣. 农村留守妇女文化生活的社会工作介入——基于优势视角的实践模式探索［J］. 西北人口，2015（5）：107—112.

所形成的社会排斥和歧视才是其重新犯罪的重要原因[①]。换言之，要想阻止其重新犯罪，除重新构建良好的外部环境外，更重要的是打破"问题"标签对刑满释放人员的影响。在访谈中我们也发现，刑满释放人员在周围人群，包括服务提供者的"问题"标签下形成了自卑心理，最后走向了自我封闭，认为"自己不行"，认为"自己就应该这样"等。这些表述的前提假设就是对"自身优势"和"拥有资源"的否定，正是由于有了这一前提假设，刑满释放人员很难从中跳出，难以形成积极正向的适应态度和行为。

强调优势视角，就是要发现和激发刑满释放人员"个人因素"的优势，不断增强刑满释放人员的自信心。首先，要肯定刑满释放人员对进入社会融入社会的美好希望。希望对个体的生命历程来说有着特殊的意义，在与刑满释放人员交谈的过程中发现，尽管他们遇到很多困难，却始终没有放弃融入社会的愿望，工作者要激发这种愿望，让其在社会适应中更加主动积极。其次，要协助刑满释放人员正视以往的"苦难经历"并发现其中的"闪光点"。优势视角认为，人类个体即使身处在各种逆境和困境当中，也始终会从周遭的环境和生活中获益，在应对逆境和困境的反复尝试中会形成抗逆力，以及在抗争环境中铸就的个人品质、特征和美德，这些特征包括幽默感、关怀心、创造力、忠诚、洞察力、独立、精神想象力和耐心等[②]。刑满释放人员的服刑经历对其来说不仅是一种苦难，更是一种历练、一种成长、一种重生，不仅意味着一种监禁的惩罚，更意味着一种获得新生的改造，在其中可能会形成一些新的良好品质和生活态度，需要工作者与刑满释放人员一起发现和提炼，并融入他们的生命故事

---

① 莫瑞丽. 刑释人员回归社会中的社会排斥研究 [M]. 北京：中国社会科学出版社, 2010：15—17.
② 赵罗英. 社会工作理论与实务的"优势视角"模式 [J]. 国际关系学院学报, 2010 (2)：92—96.

中，协助他们形成对自己的正向观点，树立自信心。最后，工作者要在刑满释放人员社会适应进程中善于捕捉生活经验，并以此为切入点构建其对生活的积极态度。无论狱中生活还是狱外生活，对于身处其中的个体来说都是一种新的生活，新生活必然有适应不良的状况，但一味地强调这种不良状况会导致适应主体的低效能感和无能感，反而对其适应中的经验进行捕捉并呈现，更能激发其适应的能力，进而推动其社会适应。

强调优势视角，就是要发现、整合和营造刑满释放人员"环境因素"的优势，不断促进刑满释放人员与环境的良性互动。刑满释放人员所生活的环境，构成了其获得抗逆力的外部支持因素，也就是说，想要获得抗逆力，刑满释放人员必须置身于生活的自然场景中，即使遇到各种各样的困难和障碍。这就要求工作者要引导和鼓励刑满释放人员直面生活，承认痛苦，主动融入社会生活中，并积极挖掘自身的潜力，以应对生活中的种种"问题"。家庭是刑满释放人员外在支持的最为重要的因素，在刑满释放人员社会适应中，家庭本身会处于其中，一方面，家庭会为刑满释放人员的社会适应提供支持；另一方面，家庭自身也面临着社会融入的需要。正因为此，工作者既要看到家庭的支持因素，也要看到家庭抗逆力的培育。就前者来讲，尽管刑满释放人员可能会面临家庭排斥的问题，但家庭其他成员的共同心愿是刑满释放人员"变好"，如正直、孝顺、勤奋、与人为善等，正向的连接促成正向的支持，合理的期望促成相互的理解，工作者需要敏锐地发现和提供家庭成员合作的机会，让刑满释放人员积极参与到家庭生活当中。对家庭之外的其他社会环境来说，尤其是与刑满释放人员直接互动的社区环境来说，也是如此，都是基于一种良好社区环境愿望的追求，这点无论是对刑满释放人员也好还是对其他环境也好，都是充满希望的。工作者要紧紧围绕这一正向的共识，创造性地设置"有意义的参与机会"，使得这一愿望不仅成为共识，而且成为现实。

综上所述，要推进刑满释放人员的社会适应工作，工作员必须去除问题思维为主的导向，强化优势视角，善于发现和肯定刑满释放人员的优势，协助他们利用和发挥优势，扩展优势的效用，增强优势的利用率，提高其社会效能感，促进其以新的态度重新审视自己，不断挖掘自身潜能，形成有效回应适应困境的能力，最终使得优势巩固与融合，促成刑满释放人员形成积极的生活状态。除此之外，强调优势视角思维，还需面向社会环境开展倡导性的工作，尽可能地让社会大众以新的方式去认识刑满释放人员，逐渐消除问题标签，为社会适应工作提供良好的社会氛围。

第二节　重视系统重构，提供多元服务推进刑满释放人员的社会适应

刑满释放人员的社会适应是一项系统工作，在社会工作视域下讨论其介入措施就是对其系统进行有效干预，达成系统的均衡，满足其在正常化社会环境中作为一般公民的需要，进而推进其社会适应的发展。因此，与其说社会适应是一种状态，还不如说是不断进行系统重构中满足刑满释放人员各种需要的过程，在这一过程中，系统不断被激活和重构，需要也随着系统的变化而发生变化。

一、激发潜能增加效能，提升刑满释放人员的社会适应能力

社会适应能力是一个心理学的概念，经常被用于学生群体，它包含三个维度，即学生学习、应对外界环境变化以及社会交往

的能力①。此处提到社会适应能力,想说明的是,它不仅仅是一种能力,它是刑满释放人员社会适应中,面向个体的微观系统和面向环境的中观宏观系统能够形成有效互动的中间变量,它附着于刑满释放人员的微观系统中,即由"生理—心理—社会"三维度得以呈现。具体来讲,刑满释放人员的身心健康和拥有一定的社会适应能力是其社会适应工作的基础。

在适应工作的具体推进中,首先要关注的是刑满释放人员的基本需要,即生理和生存需要,包括身体是否存在疾病或亚健康的状态,现有的物质基础是否可以满足其最基本的生理性需要,是否有基本的可供居住的住房,如有疾病是否能得到及时的医疗照顾等,工作者要进行全面的评估,通过直接帮助和链接资源来维持刑满释放人员生理系统的均衡。其次要关注刑满释放人员的心理系统,只有拥有健康的心理状态,刑满释放人员才能成为社会适应中的积极主体。结合实地调查和文献资料,总结出以下几个方面的工作:一是开展心理辅导工作,消除刑满释放人员的自卑、封闭、敏感的负面心理,紧张、焦虑和沮丧的负面情绪以及孤僻、无价值感和愤怒的心理状态,可采取个案社会工作中的心理社会治疗模式、认知干预模式和危机干预模式,以及小组社会工作中的支持性小组和治疗性小组,对刑满释放人员身心失衡的状态进行调适和治疗,协助他们消除和摆脱社会适应危机造成的困扰;二是协助刑满释放人员正确认识自己,促进积极的自我认同,可采取个案社会工作的认知干预模式、人本主义模式,以及小组工作中的支持性小组,协助刑满释放人员发现潜能,促进自我价值的实现,从而改变刑满释放人员的自我认识边缘化状态,建构积极的自我意识、自我形象和自我评价,提升他们的自我认

---

① 李爽,陈晓. 青少年劳教人员和中学生自我同一性与自尊、社会适应能力的关系 [J]. 中国健康心理学杂志, 2013, 21 (7): 1021-1024.

同；三是引导刑满释放人员发现、激发和利用优势，提升其效能感，可采用个案社会工作的人本主义模式，以及小组社会工作中的发展型模式，通过提供非批判、非标签的环境，让刑满释放人员充分认识到自己的潜力，看到自身优点，激发自身优势，最终增强其自尊感和自信心，提升其效能。最后要关注微观系统的社会层面，即通过能力建设提升刑满释放人员作为正常化社会环境中一般公民的能力，至少包括：一是适应物理环境的能力，通过模拟环境训练和现场环境体验，让刑满释放人员适应由于社会变迁而带来的基本生活方式的变化，使其掌握如何使用手机和电脑、如何使用常用的交流软件、如何搭乘地铁与高铁等，要根据刑满释放人员的自身情况和所处环境设计相应的训练，让其能在日常环境中顺利生活；二是参与职业生活的能力，对于暂时处于职业断裂期未能就业的刑满释放人员，要评估其职业兴趣和需求，与他们共同分析问题，充分挖掘他们的潜能，协助他们进行求职规划，以及链接资源为他们提供职业技能培训；三是经营家庭生活的能力，要开展以"恋爱、婚姻、亲职、亲子"等为主题的辅导和教育活动，提升其发展和维持良好家庭关系的能力，促进刑满释放人员与家庭成员形成良好互动；四是开展人际交往的能力，通过角色扮演、情景模拟等方法，协助刑满释放人员正确认识人际关系，掌握人际交往的基本技能，提升人际关系建立、维系、保持和发展的能力，进而推进其良性人际互动局面的形成；五是参与社会生活的能力，要协助刑满释放人员发现参与社会生活的价值，创造他们参与社会生活的条件，培养和提升他们参与社会生活的能力，促进其逐渐融入社会并适应社会。总而言之，激发潜能，增加效能，在"生理—心理—社会"三维框架下（见表5-1），去提升刑满释放人员的社会适应能力，为其社会适应提供微观系统的基础。

表 5-1　"生理—心理—社会"三维框架下刑满释放人员的社会适应工作

工作维度	服务类别	服务内容
生存帮扶性工作	满足生理需要	疾病的治疗和身体亚健康状态的消除、健康身体的维护等
	满足生存需要	维持一定的物质基础，如住房、生活物资等
心理干预类工作	负面心理辅导	释放和消除自卑、封闭、敏感、紧张、焦虑、沮丧、孤僻、无价值感等负面心理
	促进自我身份的认同	协助刑满释放人员正确认识自己，认识边缘化状态，建构积极的自我意识、自我形象和自我评价
	效能感的提升	协助刑满释放人员认识潜力，激发优势，增强自尊感和自信心，提升其效能
能力建设类工作	适应物理环境能力的提升	协助刑满释放人员掌握由社会变迁所带来的基本生活技能变化，如使用手机、搭乘地铁等
	参与职业生活能力的提升	评估刑满释放人员的职业兴趣、协助进行求职规划，以及开展职业技能培训
	经营家庭生活能力的提升	开展以"恋爱、婚姻、亲职、亲子"等为主题的家庭辅导和教育活动
	开展人际交往能力的提升	协助刑满释放人员正确认识人际关系，掌握人际交往的基本技能，提升人际关系建立、维系、保持和发展的能力
	参与社会生活能力的提升	协助刑满释放人员发现参与社会生活的价值，培养和提升他们参与社会生活的能力

二、充分实现多元主体合作，多层面开展环境系统重构工作

如果说社会适应能力提升是面向"生理—心理—社会"三维度所组成的微观系统的话，开展环境系统的重构则面向的是刑满释放人员在社会适应进程中的中观和宏观系统。正如法国法医学教授A. 拉卡萨涅所言，社会是犯罪的培养基，同样，刑满释放人员重新犯罪乃至社会适应不良的原因更多是由于社会环境的排斥与失范所造成的[①]。因此，在推进刑满释放人员的社会适应工作中，以初级群体为主要内容的中观系统和以正式组织、社区、文化、制度为主要内容的宏观系统必须是关注并干预的对象，由于系统的多元性、层次性和复杂性，任何一个力量都不可能完成整体性的干预活动。在国外，除了警察，社会力量如基金会、志愿者协会、社会服务机构等社会组织都会介入其中；在我国更多是以公安部门和社区居委会为主，参与力量相对单一。要想整体性推进刑满释放人员的社会适应工作，有必要打破当前格局，形成以相关政府部门为主导，社会组织协同，警察、社会工作者、法律工作者、心理工作者、学者、志愿者等组成的跨专业团队积极参与，以家庭、初级群体、社区，乃至文化制度为介入对象的刑满释放人员的社会适应工作网络。

在具体介入对象中，家庭作为刑满释放人员社会适应的缓冲地带，是帮助刑满释放人员社会适应的最关键因素。针对家庭系统，一方面工作人员要以家庭中的所有成员为服务对象，运用专业的原则与方法，透过家庭生态图充分了解刑满释放人员的成长环境和目前的家庭关系状况，展现他们对目前家庭成员的态度和

---

① 郭星华，任建通. 刑满释放人员社会适应的法社会学研究——主体间性的视角[J]. 国家行政学院学报，2014（4）：64-69.

认知，提供改善家庭关系、增强家庭功能、解决家庭问题的服务，协助整个家庭关系重建；另一方面，通过与刑满释放人员家人的沟通，了解其家人对刑满释放人员的真实想法和态度，进而制定出完善的工作目标和解决方案，协助他们共同解决问题，增进双方的沟通、支持和理解，进而促进刑满释放人员的家庭适应。和家庭系统一样，良好的同辈群体关系也为刑满释放人员的社会适应提供了重要的支持，发挥着情感支持、自尊获得、同伴教育等功能。工作人员要充分重视同辈群体的作用，一方面要引导刑满释放人员参与到同辈群体关系构建中，通过小组社会工作的方法，促成积极支持性同辈关系的形成，同时，要协助刑满释放人员评估当前同辈关系的状况，保持与同辈有效互动。另一方面，要预防刑满释放人员进入亚文化群体，对其适应进程产生影响。同辈关系有正负功能之分，工作者应着力于同辈关系重构，积极发挥其正功能，促进刑满释放人员的社会适应。

　　社区、文化及政策属于刑满释放人员所面对的宏观系统，它们直接或间接地影响着刑满释放人员的社会适应进程。良好的社区环境对刑满释放人员的社会适应起到非常重要的作用。工作者要善于整合和调动社区中的资源，协助刑满释放人员构建并学会利用社区支持网络；要开展社区教育和倡导工作，增加社区居民对刑满释放人员的接纳程度，促进关怀型、友好型社区的构建；要搭建刑满释放人员参与社区公共事务的平台，积极引导和协助他们参与社区事务，与社区居民形成良性互动，在参与过程中不断肯定他们的参与价值，增进其社区参与的效能。就文化和政策等宏观系统来说，它虽然没有直接与刑满释放人员接触，但对其社会适应产生重要的间接性作用。工作人员要善于链接资源为刑满释放人员提供支持，如开展政策咨询、提供就业信息、拓展就业渠道、推荐就业资源，促进他们的生活适应和职业适应；要倡导和动员大众传媒对刑满释放人员进行客观、准确的报道，积极引导社会大众对他们的重新认识，消除社会对他们的刻板印象和负面标签，重构有利于社会适应的外在环境；要维护刑满释放人员的合法权益，开展法律援助服务，确保其合法权益得到及时有效的实现；要开展政策分析，倡导障碍性政策与制度的改革，呼吁政府职能部门对刑满释放人员的制度支持，逐步建立和完善刑满释放人员保护制度。

第三节　强调生命轨迹，开展精准服务推进刑满释放人员的社会适应

正是由于社会适应工作中充满着发展性、变化性、多元性和阶段性的特点，所以适应工作不仅要着眼于刑满释放人员社会适应力培育，也要充分利用专业力量重构他们周围的社会环境，重视对刑满释放人员的生命历程提供个性化服务，更要在时间脉络上强化过程思维理念，确保他们生命轨迹的渐进发展。

一、充分重视刑满释放人员的生命历程，精准开展和提供个性化服务

刑满释放人员的社会适应不仅与其环境系统有关，更与其所处的生命周期和生命历程的关键节点及重要事件有关。要推进社会适应工作，必须充分重视刑满释放人员的生命历程，关注他们所处的生命时间、社会时间和历史时间，关注他们生命历程中的重要事件和重要他人，从他们的差异性需要和生命任务出发，精准开展个性化服务。

重视刑满释放人员的生命历程，就是要从生命历程理论的多元年龄观和生活事件的社会意义出发去认识和理解刑满释放人员的社会适应工作。首先，不同的年龄和性别意味着刑满释放人员

面临着不同的生命需要、危机和任务,以及社会所期待的角色扮演,相对应的是其所要提供的社会适应性服务的差异性要求,当然,这里的年龄不仅仅是指日历年龄,也包括生理年龄、心理年龄和社会年龄,在综合考虑年龄和性别的基础上,为刑满释放人员开展社会适应类的服务。如处于青年阶段的刑满释放人员,其最为重要的生命任务是建立亲密关系和获取职业,最大的心理危机是"孤独疏离";处于中年阶段的刑满释放人员最重要的生命任务是精力充沛,致力于工作并照顾好子女,获得繁衍感,避免停滞感,最大的心理危机为人格的停滞;处于老年阶段的刑满释放人员最重要的生命任务是回忆及自我整合,最大的心理危机是"悲观绝望"。针对处于不同生命周期的刑满释放人员,介入的对策和提供的服务是不一样的。青年阶段更多关注的是建立、保持和维护亲密关系及职业关系能力;中年阶段关注的是强化家庭成员的关注,并学会与子代相处,通过照顾子代满足生命延续感的需求;老年阶段则关注老年人生命的整合和亲人的支持。另外,处于不同家庭生命周期的刑满释放人员其需要和社会期待也不尽相同,如家庭处于有青少年期的刑满释放人员更需要亲子关系辅导和亲职教育类服务,有学龄前儿童期的刑满释放人员更多涉及的是儿童成长、入托以及经济问题等,要根据家庭生命周期的阶段需要,设计个性化的服务促进刑满释放人员的社会适应。最后,要关注刑满释放人员生命历程的重要事件和重要他人对其社会适应的影响,要从他们的犯罪经历、家庭、社会关系入手,重点梳理生命历程的关键节点,厘清重要事件和重要他人对刑满释放人员的社会意义和影响,个别化地开展社会适应性服务。

重视刑满释放人员的生命历程,就是要将精准服务贯穿社会适应工作全程。在预估环节,要从出狱人的生命周期、家庭周期、生活事件和重要他人入手评估他们的需要、危机、任务及优势,全面个别化地评价他们的处境;在方案设计环节,要在充分结合刑满释放人员生命历程中的需要和任务，充分考量他们的生活经历、历程中的重要节点以及生命中的重要他人的基础上，设计个性化的服务，确保一人一案；在实施环节，要重视个性化需要的满足和差异化生命历程的重塑，协助刑满释放人员理解生命任务和需要，重构生命历程中重要事件和重要他人的社会意义，精准开展和提供个性化服务；在评估环节，要和刑满释放人员一起回顾生命历程，检视生命任务完成和需要满足的情况，整合生命历程中的重要节点，巩固生命历程的重塑效果，促进其社会适应进程。

实际上，当前分类管理和精准服务的理念逐步得到了贯彻和实施，但其实践的深度和力度还不够。在实践中，由于专业人员的有限和专业团队的缺失，政策中所说的"一人一案"很难达到，其更多采取分组式的强迫分配法，很难达到精细化的服务与管理，仍旧缺乏针对性和人性化，仍旧呈现出惩罚导向而非适应导向；没有实现"惩罚—感化—改造"向"感化—改造—适应"导向的工作转变，也没有充分尊重刑满释放人员的生命历程。

二、实现社会适应工作的无缝衔接，确保刑满释放人员生命轨迹的渐进发展

在刑满释放人员社会适应的推进工作中，要实现"惩罚—感化—改造"向"感化—改造—适应"导向的工作转变，不仅要重视刑满释放人员与外在环境的互动，还要从刑满释放人员的生命轨迹出发，理解和探索推进之策。正如前文所言，收监和出狱对个体而言，都是生命历程中的重要事件，形成了生命轨迹中的转折点。所以，刑满释放人员至少要面临两次适应。第一次适应是由"收监"所带来的由社会生活到监狱生活的适应，第二次适应是由"出狱"所带来的由监狱生活迈向社会生活的适应。第一种适应是在"自主性受限"的封闭环境下完成的，但与之不同的

是，第二种适应却要在自主性重提和环境的激变下完成，其更加复杂难度更大①，甚至有研究者指出，监狱是不正常的社会，希望刑满释放人员回归正常社会是不合逻辑的②。面对生命轨迹中的"突变"，刑满释放人员往往无所适从，表现出迷茫、沮丧甚至自我封闭的状态，因此要推进适应工作，一方面要有强有力的外力支撑，另一方面就是要重新审视监狱教育。实际上，单纯的监狱教育已经受到人们质疑，它不仅不能促进刑满释放人员回归社会，还断绝了他们与社会往来的机会，刑满释放后无法获取社会支持，往往使他们更容易再次犯罪，重蹈覆辙。所以，实现社会适应工作的无缝衔接，确保出狱人生命轨迹的渐进发展，理应成为推进刑满释放人员社会适应的重要对策。

实现社会适应工作的无缝衔接，确保刑满释放人员生命轨迹的渐进发展，就是要从服刑人员入狱那一刻起，开始谋划和开展社会融入和社会适应工作。要扩充刑满释放人员生命历程中生命节点，将原有的"收监"和"出狱"扩充至"收监－服刑中－释放前－释放－释放后"等，使得其生命轨迹的改变更加平缓，使得适应工作更加具有连续性和延展性。实际上，现在一些地方已经开始了监狱行刑的社会化探索，但力度仍然不够，仍旧是建立在原有的"惩罚＋改造"的基础上，还没有转换到"改造＋适应"的理念上来。因此，要尽可能地将服务前置，在服刑中就开展和社会适应相关的干预活动；要尽可能将服务持续，在时间脉络上细化社会适应过程，逐步推进其向前发展。在收监时，就要对其犯罪原因和社会支持做出详尽评估，制订出个性化的干预方案，协助其正视和适应监狱生活；在服刑中，要采取专业的工作

---

① 郭星华，任建通. 刑满释放人员社会适应的法社会学研究——主体间性的视角［J］. 国家行政学院学报. 2014（4）：64－69.

② 〔美〕克莱门斯·巴特勒斯. 矫正导论［M］. 北京：中国人民公安大学出版社，1991.

手法对服刑人员开展心理和行为干预类服务,并适时地和家庭取得联系,维持一定限度的互动,以便在出狱后能够获得家庭的支持;在释放前,要协助服刑人员做好心理准备,评估自身优势和可能困难,制订生活计划,要增加与家庭的互动频率,做好释放前的过渡工作;释放时,要给予最基本的帮助,如物质救助,提供住房、医疗照顾等,必要时可以先进入过渡性社区进行适应,减少"空间突变"所带来的影响。释放后,要逐步开展跟踪性的服务,满足刑满释放人员在个体成长、家庭关系、职业、人际关系和社会参与上的需要。

第六章　刑满释放人员社会
适应社会工作的实务框架

如前几章所述，刑满释放人员的社会适应工作是一个系统工程，需要多方面、多主体、多层次介入。面向刑满释放人员社会适应的社会工作也具有系统性的特征，不论从介入方法上还是介入内容上，都充分体现了社会工作中"人在环境中"的专业理念。本章将在前面几章的基础上，从需求分析、主要内容和方法技能三个方面，重点阐述刑满释放人员社会适应社会工作的实务框架，以期为实务工作者提供参考。

第一节　刑满释放人员社会适应的需求分析

面向刑满释放人员社会适应的社会工作属于矫正社会工作的重要内容，它既非面向传统人群的社会工作实务，也非当前司法社会工作范畴[①]，它面对的服务对象已经"脱离"司法场域，成为一般公民，但作为受到监禁环境影响的个体，这一重要生活事件已经在其生命历程中不可抹去，其社会适应必然会受到这一特殊经历的影响。在此意义上，面向刑满释放人员社会适应的实务

[①] 司法社会工作的概念及其范畴，具体可以参见文章：何明升. 司法社会工作概念的缺位及其补足［J］. 法学论坛，2012，27（2）：138-145.

工作属于一种交叉型的社会工作实务。此外，它与社区矫正社会工作实务不同，社区矫正的服务对象仍旧处于社区服刑中，不过是区别监狱矫正的一种刑罚，其主要任务是矫正在社区服刑罪犯的犯罪心理和行为恶习，并促进其顺利回归社会。相对应的，刑满释放人员尽管一定时间内或者一定地域内被监管，但已经成为一般公民，因此，刑满释放人员社会适应工作也涉及一般的社会融入和适应性工作，不仅涉及能力的提升、关系的协调、福利的满足，还涉及环境的赋权等。刑满释放人员身份的特殊性，也决定了其适应工作中的需要的多样性，但至少可以从两个方面理解其需求，一是刑满释放人员个体对社会适应的具体需求，二是为了达到刑满释放人员社会适应需要的中介性需求，下文将围绕这两点展开具体阐述。

一、刑满释放人员社会适应中的个体性需求

社会适应是一个综合性的概念，在刑满释放人员回归社会到适应社会的过程中，他们有着各种各样的需要。按照"生理－心理－社会"来分的话，刑满释放人员的服务需求可以总结为生理、心理、社会层面的需要。

第一，生理层面的需要。由于刑满释放人员长时间囿于固定封闭的空间中，有身心健康、疾病筛查、康复治疗等生理需求，社工需要为有特殊生理问题与需求的刑满释放人员提供个别化的服务，满足其健康成长、患病就医等生理发展与康复的需求。同时，刑满释放人员在基本生活层面可能会存在问题，社会工作者要通过社会救助、资源链接、互助帮扶等方式回应其基本生活的需要。

第二，心理层面的需要。由于刑满释放人员此前长期处于被监管羁押状态，狱中生活整日面对的是不同犯罪经历的人、狱警等，身体上的不自由加之交流单一贫乏，枯燥的狱中生活极易引

起心理上的压抑，同时会引起刑满释放人员的负面心理，如自卑、焦虑、消极以及对未来生活的恐惧等，需要开展专业的社会工作与心理咨询服务，以矫正偏差心理和缓解负面情绪、达到心理适应性的需要；长期监狱生活致使刑满释放人员所形成的"监狱人格"[1]会阻碍他们适应新的社会生活。同时，刑满释放人员在社会适应过程中，往往遇到各种困难，或是制度上的藩篱，或是社会上的歧视，抑或是自我的封闭等，这些更会影响到他们的心理状况，严重者会产生心理问题，需要社会工作者格外关注。需要注意的是，服刑期限不同的服刑人员其释放后的心理状态，一般来讲，刑期较短的刑满释放人员更渴望过上正常的生活，对释放会产生愉悦心理，但是服刑较长期限的，更多的是对释放后生活的恐惧，因此对后者工作者更要关注其心理状态。当然，心理层面的需要还可以从时间上来看，在释放前，一般对未来生活充满着希望、憧憬或者恐惧，甚至是一种矛盾的心理。释放后，刑满释放人员可能存在两种心理状态，一是补偿心理，即补偿对亲人的爱和责任；二是自卑心理，不愿意提及过去，在社会交往中有意回避等[2]；三是由于以上两点而变得敏感而多疑。适应过程对于社会适应良好的刑满释放人员有一种重生的良好体验和强烈的满足感，而对于适应受阻和受挫的人，则表现出绝望和厌恶自己。

第三，社会层面的需要。长期的监狱生活导致了刑满释放人员与外界的隔离，这种状态使他们与正常社会的联结产生中断，从而对他们的社会功能产生了破坏性的影响，使其在刑满释放回归社会后，难以形成自我发展的动力和能力。结合实地调研和文

---

[1] 周红轶. 监狱人格的初探 [J]. 犯罪与改造研究，2010（9）：25-28.
[2] 朱兵阳. 我国刑满释放人员复归社会问题研究 [D]. 中国人民公安大学，2017.

献整理发现，目前刑满释放人员在社会层面的需要主要体现在四个方面：一是生计能力恢复的需要。生计能力不仅关乎刑满释放人员能够有收入满足自己的基本生活，更关乎其通过自食其力而形成的自我实现感和社会融入感；生计能力恢复的需要不仅涉及生计能力的掌握，也包括生计平台的搭建、生计资源的链接、生计网络的形成等，工作者要从多方面来满足刑满释放人员关于生计能力恢复的需要。二是社会关系重建的需要。社会关系作为人们的基本社会结合方式，它体现着一定的社会生活状态和为人处世的基本原则，同时对个体来说，也是一种重要的社会资源①。对刑满释放人员来说，空间的隔离也意味着社会关系的断裂，尽管与家庭有少许联系，但不足以回应刑满释放人员对社会交往的需要。在具体重建过程中，对社会技能重新掌握的需要尤其值得工作者关注，因为社会技能的最大功效在于维护各种（如家庭、邻里、同事和朋友等）社会关系②。三是社会支持的需要。刑满释放人员是一类特殊的弱势群体，这种弱势不仅仅是由于本身技能的缺乏、心理的自卑，而更多的是由于社会关系的缺失而带来的社会支持网络的薄弱，支持的缺乏极易使得刑满释放人员丧失社会适应的意愿和信心。从作用上来讲，社会支持在刑满释放人员社会适应中可以发挥两个方面的功能，即表达性支持和工具性支持，前者着眼于情感上的满足，如家人的关怀、亲戚的理解和朋友的关心等，后者着眼于具体困难应对和问题解决的支持，如就业创业的扶持、基本生活的救助等。四是公众接纳的需要。对刑满释放人员来说，公众接纳是最大的希望，接纳意味着对"他已经是一个好人"的承认，这不仅需要刑满释放人员自身努力获

---

① 林聚任. 论社会关系重建在社会重建中的意义与途径［J］. 吉林大学社会科学学报，2008（5）：115-118.
② 彭润雨，董光恒. 社会技能障碍与大学生网络成瘾［J］. 湖南师范大学教育科学学报，2010（5）：124-126.

取公众的认可,也需要相关部门及工作者努力消除对刑满释放人员的污名化偏见。

二、推进刑满释放人员社会适应工作的中介性需要

多亚尔和高夫将人的需要划分为基本需要和中介需要,前者包括健康和自主两方面。对刑满释放人员的社会适应来说,其个体性的需要更像"自主需要",其满足个体性需要的需要则是中介性需要,想要满足基本需要,首先必须实现中介需要[1]。在推进刑满释放人员的社会适应工作中,个体性需要的满足是社会适应的重要指标,中介性需要的满足是社会适应的重要条件和过程。

具体来讲,可以从以下几个方面来理解:一是确保基本生活的需要。生存和生活问题是服刑人员出狱后首要面临的问题,由于他们曾与社会隔离,社会技能退化,生活技能缺失,导致生存和生活遇到很大问题,甚至会影响其基本生存,因此,对其进行基本生活的帮扶显得尤为重要。诸如一定的经济收入或政策性的生活救助、确保安全的住房条件等。二是就业创业的需要。就业创业是开发和维持生计的主要方式,也是实现刑满释放人员自信、自立、自强的重要手段,工作者要围绕就业创业环境支持、就业创业能力提升、就业创业平台搭建等方面,激发其就业创业意愿,保障其就业创业权益,满足其就业创业需要,建立其就业创业体系,最终实现刑满释放人员的"助人自助"。三是建立关系的需要。和睦的家庭和友爱的亲朋关系能够对服务对象的社会适应顺利进行起到非常重要的作用。家庭是人们生活的基本场所,也是人们得到生命滋养的源泉。父母慈爱、子女孝顺、夫妻

---

[1] 莱恩·多亚尔,伊恩·高夫. 人的需要理论[M]. 王淳波,张宝莹,译. 北京:商务印书馆,2008:96—97.

恩爱、兄弟和睦的家庭生活对于每个人而言都十分重要，刑满释放人员也不例外。有的服务对象可能就是因为其原生家庭缺乏爱和关怀，才导致人格缺陷从而犯罪；有的正常的家庭因为其成员的违法犯罪而陷入骨肉分离、支离破碎的境地。因此，社会工作者要鼓励和协助服务对象构建和恢复正常的家庭生活，这既是为了满足服务对象对于正常家庭生活的需要，也是为了创造良好家庭环境促进服务对象社会适应更加顺利实现的需要。四是良好的社会环境的需要。对刑满释放人员来说，自身品行的改造固然重要，但是所处的社会环境仍旧是其社会适应中不可忽视的因素。正如前文所说的那样，很多刑满释放人员就是在超重的生活压力之下，低劣的社会关系之中和低下的社会风气之内，才走上了再犯罪的道路。因此，要实现刑满释放人员的社会适应，预防其再次犯罪，除了直接围绕刑满释放人员的品行、技能、心理和情绪等方面开展工作外，还应该着眼于更加中观宏观的社会环境进行干预，以改善刑满释放人员所处的生活环境。五是良好的社会服务需要。刑满释放人员曾经的"罪犯"身份使其处于社会资源网络的边缘地位，这意味着他们无法享有或者很难享有与一般公民一样的福利资源，个人在社会生活方面可能处处受限，遭遇比一般公民更大的压力，面临比一般公民更大的困境，比如在社会保障、公共服务、教育就业等方面。因此，对这部分群体建立较为完善的服务体系，为其提供良好的服务能够促使其更好地回归社会和适应社会。

第二节　刑满释放人员社会适应社会工作的实务内容

实务内容和服务对象的需要紧密相关，社会工作者既要回应刑满释放人员的需要，更要着力于通过干预措施，为其社会适应提供条件或环境，甚至后者更加重要。实际上，刑满释放人员社会适应工作的过程就是对刑满释放人员的生态系统进行重建，使得其"微观—中观—宏观"处于均衡状态，当然实际的服务不仅局限于生态网络层面上，还要扩展到生命历程层面上，即要在时间脉络上为"服刑人员—刑满释放人员"提供相应服务。所以，本节就按照此思路展开阐释刑满释放人员社会适应社会工作的实务内容。

一、服务前置：在监服刑人员社会适应的准备工作

对于服刑人员来说，既要确保惩罚性的改造效应，又要确保其出狱后的社会适应，这似乎是一个矛盾性的话题。封闭的监狱环境作为一种"惩罚性"改造效应的空间，剥夺了服刑人员的自由，使其为自己的行为付出代价做出补偿，并形成"社会化"的改造效应。但与此同时，一旦服刑人员要走出封闭性的监狱环境，势必面临着"再社会化"的议题。因此，尽管社会适应过程从服刑人员出狱后那一时刻开始，但是社会适应的准备却要从服刑人员出狱前就要开始，正如在1960年召开的第二届预防犯罪和罪犯处遇大会上宣布的那样，"自犯罪人入狱服刑起，各项处

遇计划均以促使其将来恢复自由后的生活为目的"①。因此，社会工作者在监禁场所，面向即将出狱的服刑人员提供适应类服务，显得尤为必要。

（一）提供公民能力类训练服务

由于长时期脱离正常化的社会环境，服刑人员在社会意识和技能层面是有缺失的。这些缺失的社会技能不仅包括公民行为的基本规范，还包括社会生活的基本方法、职业生计的基本能力和社会交往的基本技巧，以及面向新环境的意识准备。社会工作者要扮演好教育者、使能者和协助者的角色，开展公民能力类训练服务。一是公民教育类服务。围绕公民的行为规范、公民的权利与义务，以及与服刑人员出狱后社会角色相对应的规范性法律制度开展具体的教育活动，让服刑人员了解公民知识、习得公民素养、理解公民行为。二是生活技能类服务。结合服刑人员出狱后的社会环境，尤其是生活的社区环境以及环境中的物质人文环境，开展生活技能类服务，诸如如何使用智能化的技术、如何获得基本的生活资源等。三是职业生计类服务。结合刑满释放人员的实际情况，开展职业能力训练和生计水平提升类服务，使服刑人员在出狱后可以采取社会认可的方式和途径进行谋生。四是社交能力类服务。围绕服刑人员自我认知、自我认同、人际交往等方面开展能力建设类服务，增强服刑人员社会交往的信心和提高交往水平。五是适应意识准备类服务。要通过心理和情绪辅导，缓解或疏导服刑人员即将出狱的负面情绪，如焦虑、畏惧、无力、无助等，培养他们积极正向的适应意识，以及敢于直面适应困难的勇气和直迎生活挫折的信心。

（二）开展社会网络强化类服务

群体尤其初级群体所构成的社会网络是人们生活的必需，人

---

① 王志亮. 刑罚学研究［M］. 北京：中国法制出版社，2012：322-337.

们既要积极构建并维护它,也能从其中获得诸如物质、情感、行动和心理类的支持。服刑人员出狱必然面临着初级群体强化和构建的重要任务,以初级群体为主题的社会支持网络有利于促进其社会适应进程。作为社会工作者,要协助即将出狱的服刑人员做好已有社会网络的强化类工作,并尝试建构新的社会支持网络。一是强化家庭支持和亲朋支持网络。社会工作者要积极协助和倡导监狱系统开展家属探访、假释出狱、放假探亲类活动,也要组织开展服刑人员良好风貌展示、家属服刑人员一家亲、服刑人员融入家庭日等活动,加强服刑人员和家庭及亲朋好友的正面联系和正向联系,为服刑人员适应社会提供强有力的支撑。二是建构新的支持性网络,社会工作者要协助相关帮扶类社会组织、社区及社区社会组织与服刑人员做好对接工作,提前介入到服刑人员的社会适应工作中去,消除服刑人员社会适应的畏惧心理,丰富服刑人员的客观社会支持,增强服刑人员的主观社会支持,为服刑人员出狱后的社会适应工作提供强有力的支持力量。

二、社区矫正:假释中服刑人员的社会适应工作

假释作为一项制度设置,其主要目的就是鼓励服刑人员积极改造,重新做人,并早日回归社会,它为服刑人员复归社会提供了一定的缓冲,更有利于其社会适应。按照生命历程理论来看,假释作为一个重要的生活时间,使得服刑人员的生命轨迹趋于平缓,从而缓解生活事件的巨大冲击带来的生活转折,构建一种较为均衡的生命历程系统。然而,尽管有假释这一环节的设置,服刑人员同样也面临着假释期间社会适应的问题。假释带给服刑人员的是兴奋,同时也是畏惧,兴奋的是能够脱离封闭化的监狱环境,走向日常化的自由环境中;畏惧的是社会回归中的种种困境和障碍。社会工作者要充分理解服刑人员这一矛盾的心理境地,善于抓住这一特殊心理开展好相关服务工作。

社会工作者要作为使能者让服刑人员充分完全地理解假释的积极意义，领略到假释在推进社会适应的应有之义，进而为社会适应做好充分的心理、行为和思想准备。同时社会工作者可在生态系统视角下，围绕"假释"情景中的生态系统开展好系统影响工作，一是针对微观系统，即服刑人员本身，要从"生理—心理—社会"系统入手开展工作，社会工作者要协助服刑人员开展生活扶助类服务，满足其基本生存生活的需要，开展心理疏导、情绪辅导、行为训练、角色能力类服务，使服刑人员的微观系统能够与其他系统形成均衡态势，为其社会适应提供系统支撑。二是针对中观系统，社会工作者要开展家庭关系重建和调和类服务，开展邻里和亲朋关系协调类服务，开展朋辈群体支持类服务，逐渐恢复和强化假释人员的中观系统。三是针对宏观系统，要积极为服刑人员链接社会组织资源，营造良好的社区环境，面向社区社会开展融合类服务，增进融合类社区生态的建设。通过正式与非正式系统的同步构建，通过自身系统和社会系统的同步构建，促成服刑人员系统均衡，促进其社会适应。

三、回归社会：面向刑满释放人员生活福利的社会适应工作

从社会身份上来看，服刑人员一旦刑满释放，他或她就是一个正常的公民身份。但从实际情况来看，正常公民身份只是法律意义上的，现实中却充满着各种各样的困难，尤其针对刚刚刑满释放的服刑人员来说更是如此。刑满释放人员要面临"再社会化"的重要任务，而社会的歧视、家庭的排斥、朋友的疏远、就业的困难等，都会使这一过程变得更加艰难。在这一时期，社会工作的关注点要放在刑满释放人员的生存和生活上，只有让他们生活和生存有保障，才有可能树立起他们"再社会化"的信心和希望，也才能进一步进行社会适应。因此，在回归社会阶段，社

会救助和社会工作要向刑满释放人员提供生活福利的社会适应工作。

具体来说，一是可以开展维持生活的援助服务，即社会救助与社会工作系统，要为无亲属和亲友投靠的刑满释放人员链接住房，解决他们的安身问题，让其住有所居，甚至形成过渡性社区，为刑满释放人员实现"时空转变"提供空间和时间上的缓冲，形成过渡。同时，要为刑满释放人员提供必要的物质帮助，维持其基本的生活条件，如提供食物、生活用品、生产用品等，社会工作者可以通过链接资源的方式为其提供帮助，也可以形成刑满释放人员的互助和自助。通过维持生活的援助服务，确保其基本的生存和生活条件，为其社会适应提供基础前提。二是链接医疗卫生健康类服务，尤其要针对有相关疾病的刑满释放人员，要持续关注其病情，为其链接相应资源，确保疾病能够得到有效关注和治疗，对于有慢性病的刑满释放人员，社会工作联合其他力量，要开展疾病管理方面的项目，增强其正确对待疾病的态度，打消其自暴自弃的负面想法，提升其疾病管理的能力，树立起应对或战胜疾病的信心。三是提供"中途过渡"服务，社会工作者要联合其他力量，为畏惧走进现实生活的刑满释放人员提供过渡性服务，形成过渡性的社区和家庭环境，让其感受到社区和家庭的温暖，并提前模拟生活中可能遇到的问题与困境，逐渐从一个过渡性的环境走向开放性的社会中。

四、社会适应：作为一般公民的社会适应工作

社会适应是面向刑满释放人员社会工作服务的重要指向，此处的社会适应不仅意味着社会工作者要发挥其预防与补救性的功能，更要发挥其发展性的功能，不仅针对刑满释放人员所遇到的问题进行针对性和有效性的回应，更要着力于刑满释放人员作为一般公民的自我实现的需要，也即发展的需要。在这一时期，社

会工作者要把握"去标签化"的基本原则，把刑满释放人员的适应工作当作一般人群的工作来做。

就其社会适应的主要面向来看，此时期的社会适应更多包括的是自我评价、社会关系和生活技能层面的适应。结合研究，可以将其适应列为自我价值适应、亲密关系（家庭关系）适应、人际关系和生活技能适应三个方面，社会工作可以就不同层面提供相对应的服务。第一，面向刑满释放人员自我价值适应的社会工作服务。自我价值适应是指刑满释放人员要对自身生活形成正面的评价，即形成"生活是有意义"的主观评价。社会工作者要通过专业方法，如认知行为疗法、叙事治疗法等，开展生活意义重建类服务，让刑满释放人员对其所拥有的生活形成积极和正面的评价，增加其对生活的憧憬和希望，进而促发其社会适应的动力，在自我价值层面实现适应。第二，面向刑满释放人员亲密关系（家庭关系）的适应的社会工作服务。按照埃里克森的观点，是否形成亲密关系是成年人最为重要的心理任务，对刑满释放人员来说也是如此。社会工作者要协助刑满释放人员与家庭成员、朋友、恋人之间建成亲密关系，学会亲密关系建立的技巧与方法，理解亲密关系对自身需要满足的重要意义，同时学会维护亲密关系的合理方法。第三，面向刑满释放人员人际关系和生活技能的适应的社会工作服务。这一社会适应就是要学会与亲密关系外的人群、更大的生活系统相处的技能与方法。这不仅需要相关能力提升类的服务，更需要刑满释放人员对相关系统形成正确认识，有与其次属关系打交道的冲动、欲望和能力。社会工作者要和刑满释放人员一起分析其次属关系系统，研讨其在生活中的重要作用，以及通过赋权类活动提升刑满释放人员的效能感和权力感，在中观、宏观系统层面促进其社会适应。

尽管上文分点分段说明了刑满释放人员社会适应社会工作的实务内容，但并不是说这些工作是分开进行的。在实际的工作中，社会工作者始终要树立"生态系统和生命历程"思维，统筹开展各项社会适应性工作，达到生态系统上的均衡和生命历程上的延续，同时，要增强"社会福利权"理念，将刑满释放人员的社会适应当作一项福利权的实现去推动，唯有如此，才能实现刑满释放人员的社会适应。

第三节　刑满释放人员社会适应社会工作的主要方法

与社区矫正社会工作不同，刑满释放人员社会适应社会工作更注重发展性需要的满足，它不仅仅关注刑满释放人员的思想行为，更关注刑满释放人员对生活的适应和对美好生活的享有。所以在其具体方法上，不仅涉及面向刑满释放人员或家庭的个案社会工作和小组社会工作，更要面向社区乃至社会系统的宏观社会工作方法。本节将围绕刑满释放人员社会适应社会工作的微观方法和宏观方法展开。

一、刑满释放人员社会适应社会工作的微观方法

社会工作以"助人自助"为基本取向，以平等、尊重、同理、接纳、服务对象需要、人的可改变性为其基本价值观，带有鲜明的人本主义特色，这与刑满释放人员的社会适应工作的人本内涵相一致；在功能上，社会工作以其预防、康复、发展三大功能被视作社会的"润滑剂"，同时，社会工作在融入心理学、社会学等学科的基础上，形成了以个案、小组、社区等为主的方法体系，为刑满释放人员的社会适应提供了良好的方法和工具。通过社会工作的介入恢复服务对象的社会功能，帮助其实现自我发展，实现社会稳定。

(一) 个案社会工作方法：改善刑满释放人员的微观系统

个案工作作为社会工作基本方法之一，是一项专业的助人活动，比较社会工作的其他方法，起源最早，发展也最充分和完备。它在工作理念、功能、介入过程、服务对象等方面和刑满释放人员的社会适应工作具有高度的统一性，能够有效地融入工作开展的过程，促进工作良好的开展。个案工作具体是指社会工作者要遵循基本的价值理念、运用科学的专业知识和技巧，以个别化的方式为感受困难的个人或家庭提供物质和心理方面的支持与服务，以帮助个人或家庭减低压力、解决问题、挖掘生命的潜能，不断提高个人和社会的福利水平[①]。

采取个案工作方法，首先是接收阶段，即社会工作者通过外展服务或者转介接收刑满释放人员，建立刑满释放人员档案。通过面谈了解和预估刑满释放人员的个人或家庭情况乃至社会网络支持情况，根据预估将服务对象进行分类。在刑满释放人员的个案工作中，一般涉及心理及行为矫治、改善家庭及社会关系、潜力挖掘的自信建立、能力提升与技能掌握类，要根据不同类型设计个案计划。其次是计划的实施阶段，主要内容有认知、情绪、行为方面的介入，也有社会关系层面的介入，还有潜力挖掘与自我效能方面的介入，甚至涉及技能提升方面的介入，个案工作者务必要树立人在环境中的理念，借用生态系统和生命历程的视角，着力于案主系统干预，最终达致刑满释放人员的系统再平衡，促进其社会适应。在实施过程中，要善于运用倾听、同理、支持等技巧，严格遵循尊重、接纳、非批判、自我决定、知情、保密、个别化的价值，充分尊重刑满释放人员的生命历程和生活

---

① 许莉娅. 个案工作 [M]. 北京：高等教育出版社，2004：3—4.

场景。再次，要对实施效果进行评估，并确保再建系统可持续性的作用发挥。社会工作者要学会从个案工作中慢慢抽离出来，逐渐建构刑满释放人员的主体性，使之能够在具体的生活场景中与其他社会系统，包括自身系统形成较为良性的互动。最后，个案工作者还要做好跟进工作，在确保个案工作效果延续的情况下，进一步激发刑满释放人员的生活动力和生活潜力，甚至可以促成其服务其他弱者的愿望和能力，使之真正从一个被帮助者到被协助者，再到互助者和助人的角色转变，成为自己生活的真正意义上的"主宰者"。

（二）小组工作方法：改善刑满释放人员的中观系统

小组社会工作是社会工作最为重要的方法之一，它旨在透过小组经验，通过小组动力，提供小组支持，协助个人建构中观系统，为个人的认知改变、行为修正、情绪疏导、互惠支持、能力发展、经验积累及重构、系统重建提供方法，即透过群体及群体的力量达到发展和改变的目的。刑满释放人员共同的生活经历以及相似的社会适应困境，促使其容易形成一个共享的小组群体。在这个小组群体中，"共同""共通""共享""共融"是可以达到的主题，他们可以相互倾诉不快，可以交流经验，可以敞开心扉，可以分享感受，负面情绪得以宣泄、心理压力得以减轻、生活技能得以学习、适应能力得以提高。就小组的类型来说，有治疗性小组，教育性小组，互惠性小组和发展性小组。治疗性小组聚焦点在于刑满释放人员的不良情绪、错误认知以及偏差行为；教育性小组着力于刑满释放人员的技能培训与提升，如各项生活和社会技能；互惠性小组主要为刑满释放人员打造一个互相支持、互帮互助互惠的群体平台，构建一个支持网络以促进其更好地适应社会；发展性小组则强调刑满释放人员社会适应的多种可能性和潜能，尤其关注其社会功能，通过潜能发掘，达到功能协调，进而实现和谐发展。

将小组社会工作用于刑满释放群体中，既要看到其可能性，更要关注如何具体进行的问题，即流程的问题。小组工作的流程一般分为小组准备、小组初期阶段、小组的中期阶段、小组的成熟阶段和小组的结尾阶段，每个阶段小组成员的特点、小组的工作任务以及工作人员所承担的角色均不相同，但却存在一定的连贯性。在小组准备阶段，社会工作者要做好刑满释放人员招募的工作，在招募的过程中尽量采取非公开招募的方式，如滚雪球的方式来招募小组成员，要做好成员需要和小组需要的评估工作，评估工作既要顾及每一位小组成员的需要，更要重视和分析整个团体的需要。在以上两个步骤的基础上，制定囊括"协议目标、沟通目标、过程目标、实质目标、需求目标"为一体的目标体系，并对小组方案进行详细的设计。在小组的初期阶段，主要工作为小组规范的形成，刑满释放人员尽管具有较强的规矩意识，但是更多是被动地接受规则，所以此时社会工作者如何引导刑满释放人员主动地建构小组规则是其工作重点，工作者要善于运用同理、真诚、温暖、示范、支持鼓励、分化联合等技巧为组员创造一个完全可信赖的环境，同时促进小组组员的互动。到了小组的中期阶段，小组的规则已经形成，原有的谨慎局面被打破，小组成员可能会在互动中形成各种各样的冲突，这些冲突是基于不同的认知和理解基础上的，由于有小组规则的支撑，这些冲突往往是建设性的。但如果这些冲突得不到很好的应对和引导的话，有可能使得小组"分崩离析"，所以工作员一方面要用建设性的态度对待冲突，在小组稳定性的前提下利用冲突，要学会将相关议题抛给小组，引导小组成员在冲突中形成共识，并达成一致性的小组经验，最终形成小组持续有效推进的机制。到了小组的成熟阶段，小组机制已经完善，小组经验已经形成，社会工作者一定要"放弃"自己的专业身份，放手让小组去尝试一些事情，在小组中形成新的经验，促成新的能力的发展，关注到小组成员的最终成长。最后是收尾阶段，小组工作的收尾比个案工作要做的工作多得多，其原因是小组在工作结束后可能会马上解散，所以工作者在评估成效的同时，还要处理好小组成员的离别情绪，以及要持续地巩固小组解散后小组成员的成长。

二、刑满释放人员社会适应社会工作的宏观方法

（一）社区工作方法：创建友好型社会环境

相对于个案工作方法和小组工作方法，社区工作方法是一种宏观取向的工作方法。它既是一项有计划的行动，也是一个过程，社区工作者经常运用集体行动的手法，鼓励居民互助、自主和自决，提升居民的各种能力，以满足社区需要，解决社区问题，培养社区成员的归属感和认同感，促进社区整合，改善社区生活质量，实现社会公正[1]。刑满释放人员的社会适应问题与其说是个体问题，还不如说是一个与群体与环境紧密联系的问题，社区工作目标中的"培养互相关怀、互助互济的美德，调整和改善社区居民间的关系，加强居民的自决与自立，追求权力和资源的公平分配，改善社区的生活质量等等"[2]，都和刑满释放人员的社会适应工作相关，创建友好型的社会环境已经是社会适应社区工作的重要目标。

创建友好型社会环境的具体工作主要包括社区环境治理、支持网络搭建、社区教育开展、社区服务提供等。社区环境治理，即对刑满释放人员生活的社区进行评估，重点评估他们的初级关系，如朋友、亲戚、家人等，是否有利于其融入社会，重点评估他们的基本生活是否得以保障不至于重新走向犯罪，重点评估社

---

[1] 夏建中. 社区工作 [M]. 北京：中国人民大学出版社，2015：13.
[2] 甘炳光，梁祖彬. 社区工作：理论与实践 [M]. 香港：香港中文大学出版社，1998：15—16.

区社会风气和氛围是否良好，等等，在评估的基础上工作者要联合其他力量对社区资源进行综合治理，以改善刑满释放人员的生活环境。支持网络搭建，即为刑满释放人员搭建社会支持网络，以满足各方面的需要并促进其全面发展。支持网络可以分为正式支持网络和非正式支持网络，具体可以分为亲情支持、资源支持、信息支持和服务支持，等等。社区工作者要通过家庭关系协调、社区资源链接、社区力量整合、社会政策咨询、专业服务引入等手段，搭建社会支持网络，为刑满释放人员的社会适应提供良好的支持环境。社区教育开展，即要通过社区教育的开展，培养社区成员接纳刑满释放人员的社会氛围，这里，社区教育有两层含义，一是针对刑满释放人员开展社区教育，主要通过他们参加志愿公益活动，培养他们的公益意识和服务社会的能力，增强他们的社会责任感，并增进社区居民对他们的了解，以建构友善的社区环境；二是面向社区居民的社区教育，通过知识教育、行为教育和感情教育，增进社区居民对刑满释放人员的了解，改变社区居民对刑满释放人员的偏见，修正社区居民对刑满释放人员的不恰当行为和情感，以形成良好的社区文化。社会工作者善于运用社区教育的方法开展社区工作，为刑满释放人员社会适应提供良好的社区氛围。社区服务提供，即社区工作者面向刑满释放人员提供专业性服务，这些服务包括基本生活类服务、教育类服务、生计类服务、网络构建类服务等，通过这些服务，满足刑满释放人员社会适应中的各种需要。

在刑满释放人员社会适应的社区社会工作推动过程中，既要以刑满释放人员社会适应需求为本，也要把适应放在社区的大环境中去推动，既要强调刑满释放人员本身需要的满足，更要强调刑满释放人员与其他社区成员之间的融合，最终的目标指向整个社区的发展。因此，此处社区工作不是简单的助人活动，不是单一的社区活动，也不仅仅是面向刑满释放人员群体的服务，而是以综合性的社区发展为目标,着眼于社区长远的、综合性的发展。无论是对刑满释放人员还是其他社区居民来说,对友好型社会环境的追求是其共同目标,工作者要紧密围绕这一目标设计并开展工作。在具体的工作中,根据不同的情况,可借鉴不同社区工作的模式(包括地区发展、社会策划、社会行动、社区照顾、社区组织、社区教育等)开展工作。同时需要注意的是,无论是哪一种模式,都要强调社区主体的多元参与,以政府为主体的正式的福利供给体系,以家庭、朋友、邻居为主体的非正式的福利供给体系,以社会组织为主体的社会性福利供给体系均要参与其中,形成广泛参与的格局,这样才能撬动社区资源,整合社区力量,激发参与意识,打造关怀型社区。

在刑满释放人员社会适应的社区社会工作的开展中,涉及一些具体的事务。一是社区资源的调动与整合。社区资源不仅包括物质资源,也包括人力资源、组织资源、设施资源、文化资源、政策资源等,如何有效地盘点、盘活以及整合这些资源,为刑满释放人员社会适应提供支持,是工作者必须思考的问题。二是社区志愿服务的开展。志愿服务在社区服务领域发挥着不可替代的作用,它不仅有利于社会道德文化的重塑,还有益于社会合作网络的形成,也有助于全面合作社会的建构[①],它对友好型社区环境建设具有重要的推动作用。志愿服务已经成为刑满释放人员社会适应社区层面重要的间接介入方式。社区工作者要积极推动刑满释放人员面向社区,以及社区居民面向刑满释放人员等特殊群体的志愿服务,以此促进社区的改变与发展。三是刑满释放人员社会权益的保护。社会工作者要通过各种方法积极表达刑满释放人员的正当诉求,并为其争取合法权益和社会福利。四是开展社

---

① 魏娜,刘子洋.论志愿服务的本质[J].中国人民大学学报,2017(6):79-88.

区倡导。社会工作者联合社区的各个部门工作者以及社工机构、高校志愿者、退休的专家、社区居民通过座谈会议的形式加以宣传，促进刑满释放人员与社区居民的相互了解和交流，在一定程度上减少或消除社区居民对刑满释放人员的偏见以及刻板印象，为服务对象创造良好的社会适应环境。

（二）个案管理：搭建整合性服务模式

刑满释放人员在社会适应过程中往往遇到多重问题，尤其是一些特殊的刑满释放人员，需要多部门、多机构、多力量和多方人员的配合协调，才能满足其需求和促进其社会适应。在服务过程中，如果缺少协调性的服务与管理，极易造成服务资源的浪费和重叠、服务对象的"关爱的冲突"、无序服务等问题。因此，在刑满释放人员社会适应工作中，不仅要强调直接方法的运用或间接方法的运用，更要强调综融性工作方法——个案管理的运用，以此来搭建刑满释放人员社会适应的整合性服务模式。

个案管理也被称为照顾管理和服务管理，兼具服务与管理两大功能，它是一种服务理念、一种服务体系，更是一种服务过程，它提供的是一种包裹式服务，更多强调对服务力量和资源的协调。针对处于社会资源边缘地位的刑满释放人员，个案管理可以提供身体康复、心理适应、关系恢复、能力提升、资源链接、生计发展等多元性服务，并协调与管理心理工作者、社会工作者、法律工作者、社会救助者、生计帮扶者等多元性力量。将个案管理运用于刑满释放人员社会适应工作中，要求社会工作者要发挥个案管理者的作用，既要提供直接服务，更要对刑满释放人员的社会适应需求进行管理，对服务力量和资源进行协调。基于此，个案管理有一套结构化的程序，如图6-1所示。

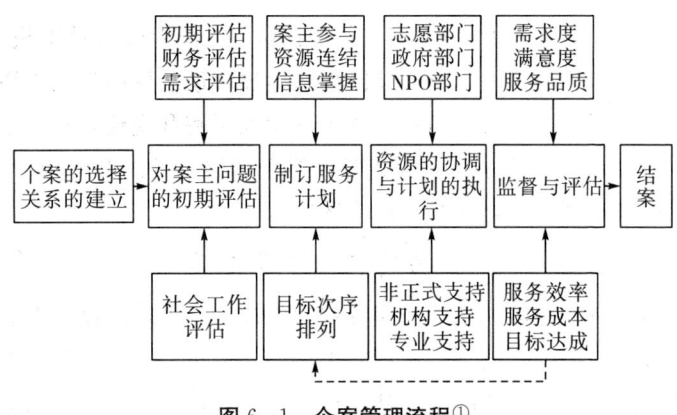

图 6-1　个案管理流程①

首先，社会工作者要与刑满释放人员建立专业关系，要积极主动与其联系，在提供一些实际帮助的基础上建立专业关系，在这一步骤中，社会工作者必须强调专业价值观，不能抱有任何歧视刑满释放人员的态度，以及不能使用一味指责刑满释放人员能力低下的言语。其次，社会工作者要开展需求评估和需求管理工作，要从全人视角入手对刑满释放人员在社会适应过程中所遇到的问题进行全面评估，并且要对其资源和能力进行点存。再次，要有重点和层次地制订工作计划。社会适应是一个长期的过程，社会工作者要与刑满释放人员一起，不断实现一个一个突破，在此过程中，社会工作者要扮演好个案管理员的角色，对各种资源和力量进行协调，对刑满释放人员进行及时和有效引导，充分实现资源的配合和力量的优化配置，充分实现刑满释放人员社会适应需求与服务供给者的无缝对接和有效衔接。既要实现服务的充足，也要避免服务的重复和资源的浪费，逐步实现刑满释放人员

---

① 黄源协．社会工作管理［M］．台北：扬智文化事业股份有限公司，1999：368.//仝利民．个案管理：基于社区照顾的专业社会工作方法［J］．华东理工大学学报（社会科学版），2005（2）：29-33.

社会适应的目标。最后，社会工作者要致力于刑满释放人员新的适应系统的构建，使得服务效果持续化，确保"助人自助"目的的实现。

第七章 结论与讨论

刑满释放人员与其他社会工作服务群体对象不同，他们的特殊性源于一个矛盾的哲学，即他们是一个受到惩罚的群体，势必会受到社会其他群体乃至社会建制的"排斥与隔离"，无论是在收监还是出狱后，这种状态依旧存在，并且以一种惯性的态势影响着刑满释放人员的社会适应。正是由于此，刑满释放人员的社会适应远比外出务工人员、因灾迁移人员、残障人士等社会适应工作复杂，它不仅面临着空间场域的区隔，也面临着时间脉络的断裂，更面临着个体生命历程的转变，本书整体的研究框架就是基于这样一个基本观点而展开的。本书的前几章主要围绕几个问题而展开，即刑满释放人员的社会适应复杂性的多维角度如何理解，社会工作视域下如何理解社会适应的概念，当前刑满释放人员的社会适应状况如何，如何在社会工作视域下分析和阐释刑满释放人员社会适应工作中存在的问题与困境，以及刑满释放人员社会适应的社会工作该如何开展，等等。也正是由于这一群体的特殊性，研究依托服务项目采取持续访谈的方式进行，规避了为了研究而进行研究的伦理风险，尽管如此，由于时间的仓促和服务的深度不够，使得我们在研究中仍旧有一丝歉意。当然，最后能够初步形成对刑满释放人员社会适应社会工作的一点想法和观点，也算是一种安慰。

第一节 研究的主要结论

本书首先对现有社会适应概念的研究视角进行梳理，认为有三种研究取向，即状态取向、过程取向、能力取向。状态取向的社会适应一般指个体在社会生活中对周围的环境和社会化过程的接受程度，社会适应经常被操作化为二级甚至三级指标来考查，如工作层面、生活层面、社会交往层面的划分。过程取向的社会适应经常被认为是社会化的过程，即个体社会化过程中，对社会道德规范和行为准则主动或被动调适的过程，社会适应经常被划分为各个阶段。能力取向的社会适应强调社会适应力概念，即心理成熟程度和个体的抗挫力，把适应主体看作一个积极适应的行动者。其次以"系统"和"生命历程"视角为切入点，分析了社会适应的概念，认为刑满释放人员的社会适应就是面向个体的系统与面向环境的系统互动的过程，刑释人员个体系统与环境系统发生互动就意味着社会适应的开始，在其互动过程中，基础性适应主体和关键性影响因素共同作用于适应过程，直接决定着社会适应的状态。认为"收监、服刑、出狱"构成了刑满释放人员的生命历程的关键节点，影响着刑满释放人员的生命轨迹，要综合考察刑满释放人员监禁时、服刑中、出狱后的个人特质及环境因素是如何作用于其社会适应过程的，只有充分地掌握过程中的相关机理，才能从时间脉络上把握刑满释放人员的社会适应。最后指出，在社会工作框架下理解社会适应，其并非是个体的需要，而是满足个体需要的过程，通过社会适应，可以满足刑满释放人员在正常化的社会环境中作为一般公民的需要。社会适应的最终指向就是不断维持和增进刑满释放人员的生活福利，使其在与系统互动中，满足自身需要，达到一个良好的生活状态。

在对社会适应概念理解的基础上，本书从社会身份、婚姻家庭、职业、社会交往四个方面考察了刑满释放人员的社会适应现状及困境。刑满释放人员的心理自卑和自我认知边缘化，认同正向的主流文化但社会归属感不强，家庭支持与疏离并存且矛盾，职业生涯的断裂和政策排斥，社会交往圈小且封闭、参与感不强等，是其社会适应困难的具体表现。研究认为造成刑满释放人员社会适应不良的原因在于，刑满释放人员的微观、中观和宏观系统间，以及时间系统间的不均衡及不均衡互动状态。在生态系统上，研究认为微观系统上的心理障碍、效能感低和能力的缺乏，导致了面向个体微观系统内出现不均衡状态，以及微观系统失能无法与其他系统形成有效互动，进而影响刑满释放人员的社会适应；中观系统的家庭、朋辈群体，由于各种原因并没发挥满足刑满释放人员需要的功能，反而极易使刑满释放人员走向亚群体中，最终可能导致其重新犯罪；宏观系统上的政策的"区隔"和社会环境的"藩篱"，以及两者的共同作用使得刑满释放人员的社会适应受阻。

在生命历程上，研究认为：一是"收监—出狱"作为转折点的空间"断裂"，使得刑满释放人员出狱后无所适从，必然使其生命轨迹发生重大改变，对刑满释放人员来说是一种适应上的"冲击"，这种冲击如果没有强有力的外力干预，极有可能导致其在社会适应上出现自我怀疑、自我否定和自我封闭的问题。二是"社会时间"的角色期待与现实环境的落差，封闭化的监狱生活，使服刑者出狱后需要扮演特定角色的技能很难在监狱中习得，增加了其完成角色期待的难度，也就意味着他们角色适应受阻。三是自主性"丧失或受限"与自主性重提的冲突，认为服刑人员走出监狱，进入正常化的社会环境中，就意味着他或她从一个高度结构化、严密控制、非私人性的环境进入一个社会性意义上开放的世界，这样的世界要求人具有自我调节、自我控制和独立决策能力，一向习惯了遵从别人意见，听从别人指令的生活发生彻底改变，面对这种改变他们变得无所适从，从而他们感到精神上的迷茫，思想上的恐慌，生活上的压力，交往上的恐惧，甚至会出现破坏性的行为等。

　　正是由于以上原因，研究认为，要推进刑满释放人员的社会适应工作，必须要将社会适应与正常化环境中作为一般公民的需要对接起来，与刑满释放人员的环境系统及时间系统对接起来，要实现理念的转型与跨越，实现"惩罚—感化—改造"导向的工作向"感化—改造—适应"导向的工作转变，要树立系统思维、过程思维、个案管理思维和优势思维，在"人在环境中"理念下全貌地、系统地、有序地推动刑满释放人员社会适应工作。一是要从生存帮扶性工作、心理干预类工作和能力建设类工作入手，提升刑满释放人员的社会适应能力，打造一个积极性的、效能感强的、有意愿、信心和能力的社会适应主体。二是要充分实现多元主体合作，多层面开展环境系统重构工作，要形成以相关政府部门为主导，社会组织协同，警察、社会工作者、法律工作者、心理工作者、学者、志愿者等组成的跨专业团队积极参与，以家庭、初级群体、社区，乃至文化制度为介入对象的刑满释放人员社会适应工作推进网络。三是要充分重视刑满释放人员的生命历程，精准开展和提供个性化服务，要从生命历程理论的多元年龄观和生活事件的社会意义出发去认识和理解刑满释放人员的社会适应工作，要将精准服务贯穿社会适应工作全程。四要实现社会适应工作的无缝衔接，确保刑满释放人员生命轨迹的渐进发展，要从服刑人员入狱那一刻起，开始谋划和开展社会融入和社会适应工作。要扩充刑满释放人员生命历程中的生命节点，将原有的"收监"和"出狱"扩充至"收监—服刑中—释放前—释放—释放后"等，细化释放后社会适应的过程和内容，逐步开展工作，使得其生命轨迹的改变更加平缓，使得适应工作更具有连续性和延展性。

第二节　刑满释放人员社会适应工作的思考与讨论

刑满释放人员"问题"绝非是其"预防再犯罪"的问题，而是社会适应的问题。相对于其他人员的社会适应问题，刑满释放人员的适应问题更加特殊和复杂，要做好这一问题的前提是要把刑满释放人员当作一般公民来对待，不能止步于其基本需要的满足，更要注重其权利的维护和福利之实现，他们对美好生活的向往同样值得关注。社会工作视域下考量刑满释放人员的社会适应，就是要转变原有的"不犯罪、能生活"的基本适应目标，在全人视角下，在人的发展视角下，在尊重刑满释放人员的多元需要下来重新解读其社会适应。

一、多重需要与全人发展：刑满释放人员社会适应工作的新理念

不管是马斯洛的需要层次理论还是阿尔弗雷德的"生存—关系—发展"理论，都说明了人的需要的多重性。基于生存和安全的基本需要的满足和基于关系和发展的高层需要的实现构成人的需求的全景，社会工作的全人视角搭建的"生理—心理—社会"乃至灵性的理论框架也促使了"以人为本"的工作转向。这一转向突破了原有的线性决定论的工作思路，为社会工作实务提供了更多可能性的路径，同时也为系统地、整体地、综融地开展社会服务提供框架基础。刑满释放人员"问题"是其需要不能被满足或不能够完全满足的具体表现，同样，刑满释放人员的社会适应工作困境不仅表现在各种主客观环境的障碍，更表现在"全人发展"理念的缺失或不足。对刑满释放人员来说，至少有三个层面

的需要值得我们关注:

第一是生存的需要。就生存的需要来说,有些刑满释放人员在犯罪之前本身就因生存需要走向了犯罪,而在刑满释放后其生存更容易遇到问题,更为极端的是,某些刑满释放人员故意再次犯罪以图重新走进监狱,以此来解决自己的生存问题。在某种程度上可以说,刑满释放人员对自由的向往往往在生存问题得不到有效解决的情况下大打折扣,生存需要的解决是刑满释放人员社会适应工作的首要任务。但是,按照多依和高夫的观点,需要有基本需要和中介需要之分,生存需要也是如此,不仅要关注人作为生物体的生存需要,也要关注作为社会人的生存的需要,同时不仅关注生存物质的提供,更要关注生存能力的提升,还要关注中介性资源和平台的搭建,这样才能发展性地解决和满足刑满释放人员生存的需要。

第二是关系的需要。社会工作对人的基本假设是,人是一个系统的存在,马克思也认为人是各种社会关系的总和,各种关系会贯穿于人的一生,人发展了关系又依赖关系而存在,一个人关系的多寡和强弱都会影响他或她的生活质量。就关系来看,刑满释放人员的关系处于"断档"之中,这种断档是入狱的附带惩罚效应,他们的关系仅仅局限在"狱友"和"家人"之内,甚至家人也抛弃了他们。尽管他们在访谈中表示对于朋友和家人的冷眼相对"不屑一顾",但是从其言语和眼神中透露出对关系的需要。这和关系的多重效应有关,丰富的人际关系可以满足人作为一个社会人的需要,"尊重、友爱、认同、信任、肯定"等都来自人的社会关系中,家人的关心,朋友的认可,社会的尊重对刑满释放人员的社会适应无疑有巨大的推动作用,关系导向的社会工作实务应该成为刑满释放人员社会适应工作的关键任务。

第三是发展的需要。每一个人都有追求美好生活的需要,刑满释放人员也是如此。发展需要是高层次需要,简单理解就是通过个体努力获得成功,并对获得成功有较强的满足感,而满足感来源于社会对这一成功的广泛认可。在这一需要中包含三层含义:一是能够获得发展和成功,二是能够感知到发展和成功,三是社会对发展与成功的认可度。因此发展需要的满足是一个综合性工作,它不仅涉及客观的发展而且涉及主观的感知。对社会工作者来说,不仅要协助刑满释放人员实现成功与发展,而且要引导他们发现生命历程中的"闪亮时刻",通过叙事的方法解读成功之处和生活价值,同时要倡导全社会对刑满释放人员的成功与发展给予关注,多层面推动其"发展需要"的满足。总之,全方面满足刑满释放人员的发展需要,是推进其社会适应工作的重要任务。

二、多元力量与社会联动:刑满释放人员社会适应工作的新格局

如前文所述,刑满释放人员的社会适应是一项系统工程,涉及多元主体的多阶段、多方面和多层次工作联动,构建多元力量的联动机制是刑满释放人员社会适应工作新格局的重要方面。

具体来讲,刑满释放人员的社会适应不是简单的再社会化过程,在其中涉及多元力量的介入。国家体制中的司法系统的单一介入不仅不能有效全面地推进其适应工作,反而进一步促推了"特殊群体"这一称谓的污名化进程,单一的帮扶和帮助固然能在一时满足刑满释放人员的"社会适应"需要,但从长久来看,这种满足只是权宜之计,是和社会工作专业视域中的全人视角相违背的。既然人生活在系统中,系统与人的协调变化与发展,才是适应的本质。对刑满释放人员来说,"微观—中观—宏观"或"正式—非正式"多层系统的协同介入与联动才能实质性推进适应工作。政府中的司法系统、救助系统以及与人的权利维护与发展的系统构成了刑满释放人员的正式支持网络,社区、家人、朋

友、同事等非正式系统构成了刑满释放人员的非正式支持网络，两类网络要发挥协同作用，既要确保救助的实现同时要极力避免污名化的产生，既要形成帮助的社会环境同时要极力避免"特殊身份"的固化，要建构包容性的制度与社会环境促进刑满释放人员的社会适应工作。

此外，刑满释放人员的社会适应不仅仅是一个横剖面的工作，要从纵向来推进其进程。首先在入狱前后，要开展系统变化的风险预估，尽可能地确保服刑人员的强系统，如家庭、亲戚与朋友，在其改造中持续发挥积极作用。这就要求司法社会工作者与监狱系统一道开展系统干预工作，消除"服刑"这一转折点对系统轨迹的消极影响，使得系统能够持续均衡地发挥作用。在这一阶段，社会工作者的介入对象不仅仅是服刑人员，更是其生态系统，由于"家人入狱"或"朋友入狱"，会造成系统均衡的"打破"，如何消除这一消极影响是社会工作者要做的重要工作，而且这一工作一直贯穿于服刑过程中。在释放前，同样要开展系统变化的风险预估，通过释放前的相关工作消除系统突变所带来的消极影响，如释放前就启动救助系统，开展技能提升和创业支持类服务；启动系统接纳服务，开展家庭、亲戚和社区系统的干预性服务；启动微观系统的干预服务，消除服刑人员走进社会的恐惧心理和畏难情绪。在假释中，社会工作者和其他系统一道，建构一种包容性和支持性的社会环境促进刑满释放人员的社会适应，而不仅仅是记录其行为表现、教育情况等。在恢复一般公民身份后，不管是正式系统还是非正式系统，都要消除"刑满释放人员"这一身份的刻板印象对适应工作的影响，尽可能地推进正常化环境下的社会工作，促进其作为一般公民的权利维护和服务满足。而在上述的任一过程中，都涉及多元力量的介入和多元系统的联动，因此，多元力量与社会联动是刑满释放人员社会适应工作的新格局。

三、多元方法与全貌介入：刑满释放人员社会适应工作的新要求

刑满释放人员的社会适应工作绝不是帮扶和救济那么简单，工作任务的多样性、工作力量的多元性、工作面向的多层性决定了工作方法的综融性。其工作方法不仅涉及面向微观系统干预的个案社会工作，而且涉及面向中观系统的小组社会工作，更涉及面向宏观系统的社区社会工作、社会政策分析、社会工作行政、社会工作研究等。就具体的方法模式而言，刑满释放人员的社会适应不仅涉及传统的干预性方法，更涉及全人视角、灵性视角、优势视角、叙事导向、赋权导向、存在主义的社会工作，这就要求司法社会工作者要采用综融性的工作方法和包容性的工作理念，推进刑满释放人员的社会适应工作。在具体的介入原则上，要注重各个介入系统间的融合和案主生命历程段的融合，力求达到各个系统的均衡和案主生命历程的可持续性；在具体的介入方向上，既要重视外界资源的链接，更要重视案主本身和案主周围环境的赋能，力争在确保案主生活主体能动性和自我实现感的基础上推进其社会适应工作；在具体的介入策略上，要实现间接和直接策略的兼容与协调，通过能力提升、效能增强、环境赋能、政策倡导、权益维护、网络构建等多种策略协同推进社会适应工作；在整体的介入导向上，要实现特殊人群的社会工作服务向一般人群的社会工作服务转变，达成"去标签化"的目的；在整体的介入效果上，要从实现个体的改变向群体的改变乃至整体的社会系统的改变进行转化。总而言之，要抛弃或打破既有的基于救助导向的适应工作，走向面向发展导向的适应工作。

第三节 研究的不足及今后有待研究的问题

刑满释放人员作为一个有特殊经历的特殊人群，其回归社会及社会适应问题是一个非常复杂的议题，要研究这一议题不仅需要多学科知识的融合，更需要长时间的跟进和多元方法的运用。由于时间、力量和精力所限，本研究还存在许多不足和有待进一步完善和研究的议题。

本研究属于探索性研究，首先，由于研究对象的特殊性，采取了定性研究的方法，与刑满释放人员及相关群体建立关系是开展研究的前提，但是因为其特殊的身份，使得建立关系的环节耗费了大量的时间，获取的个案数量也较少，获得的资料无法概括总体的特征，研究的结论不能推论更大的范围。其次，刑满释放人员的社会适应是一个发展过程，需要从历时角度收集和把握适应的全过程，但由于时间太短、人力有限等原因无法深入收集资料，影响了资料的丰富和深入性，这也是本研究的不足之一。再次，正是由于没有较为丰富的历时资料的支撑，所以就导致了在分析刑满释放人员社会适应现状和问题时，仅从横向上，即从社会身份、婚姻家庭、职业、社会交往等四个方面去考察，即使在原因分析中凸显了生命历程视角，但在论据的完整性、论证的逻辑上仍有遗憾。最后，本研究没有对不同犯罪原因、年龄、家庭背景、服刑时间等刑满释放人员的社会适应过程进行比较性和差异性分析。

在未来，针对刑满释放人员的社会适应有以下议题有待进一步研究：一是采取定量与定性相结合的方法，开展大规模的问卷调查，来保证研究结论的可推广性，为决策者提供依据；二是开展历时性的跟踪研究，从罪犯服刑一刻起就着手研究工作，主要从时间脉络把握刑满释放人员的社会适应过程及影响因素，以寻求针对性对策；三是开展比较性研究，以性别、年龄、犯罪原因、服刑长短、家庭支持、社区排斥等为划分标准，检视不同情况的刑满释放人员社会适应的差异性情况，进而有区别地制定对策。此外，由于各方面的受限，研究中所讨论的每一个议题，如社会工作视域下刑满释放人员的社会适应意涵、实现社会适应工作的无缝衔接策略等，都可以作为一项独立的课题开展深入研究。

参考文献

[1] 阿尔费雷德•诺尔司•怀特海. 思维方式 [M]. 黄龙保，芦晓华译. 天津：天津教育出版社，1989.

[2] 阿尔费雷德•诺尔司•怀特海. 过程与实在：宇宙论研究 [M]. 杨富斌，译. 北京：中国城市出版社，2003.

[3] 埃米尔•迪尔凯姆. 自杀论 [M]. 冯韵文，译. 北京：商务印书馆，2008.

[4] 乌尔里希•贝克. 全球化时代的权力和反权力 [M]. 蒋仁祥，胡颐，译. 桂林：广西师范大学出版社，2004.

[5] 查尔斯•H. 扎斯特罗，卡伦•K. 柯斯特-阿什曼. 人类行为与社会环境 [M]. 黄龙保，等译. 北京：中国人民大学出版社，2006.

[6] 陈建文. 人格与社会适应 [M]. 合肥：安徽教育出版社，2009.

[7] 储琰. 微观权力视角的刑释解教人员行动选择研究 [M]. 上海：华东理工大学出版社，2016.

[8] 米歇尔•福柯. 规训与惩罚 [M]. 刘北成，杨远婴，译. 北京：生活•读书•新知三联书店，2013.

[9] 安东尼•吉登斯. 社会学（第四版）[M]. 赵旭东，等译. 北京：北京大学出版社，2003.

[10] 克莱门斯•巴特勒斯. 矫正导论 [M]. 孙晓雳，等译. 北京：中国人民公安大学出版社，1991.

[11] 刘世恩. 中国特色社会主义监狱制度研究［M］. 长春：吉林人民出版社，2004.

[12] 马志兵，朱济民，姜晔. 中国监狱制度现代化的历史、理论与实践［M］. 北京：法律出版社，2013.

[13] 莫瑞丽. 刑释人员回归社会中的社会排斥研究［M］，北京：中国社会科学出版社，2010.

[14] 彭豪祥，冯耕耘. 三峡移民社会适应性研究［M］. 武汉：武汉大学出版社，2015.

[15] 彭华民. 社会福利与需要满足［M］. 北京：社会科学文献出版社，2008.

[16] 罗伯特·J. 桑普森，约翰·H. 劳布. 犯罪之形成——人生道路及其转折点［M］. 汪明亮，等译. 北京：北京大学出版社，2006.

[17] 宋丽玉，施教裕. 优势观点：社会工作理论与实务［M］. 北京：社会科学文献出版社，2010.

[18] 王恒勤. 中国监狱劳教改革新论［M］. 北京：群众出版社，2003.

[19] 王康. 社会学词典［M］. 济南：山东人民出版社，1988.

[20] 韦恩·莫里森. 理论犯罪学——从现代到后现代［M］. 刘仁文，等译. 北京：法律出版社，2004.

[21] 熊贵彬. 后劳教时代社会工作融入下的社区矫正——北京调查与思考［M］. 北京：中国社会出版社，2017.

[22] 杨世光，沈恒炎. 刑满释放人员回归社会问题专论：回归社会学研究［M］. 北京：社会科学文献出版社，1995.

[23] 张峰，连春亮. 行刑与罪犯矫治社会化研究［M］. 北京：群众出版社，2007.

[24] 张文显. 法理学［M］. 北京：高等教育出版社，2003.

[25] 朱智贤. 心理学大词典［M］. 北京：北京师范大学出版

社，1989.
[26] 盖笑松，李厚仪．PPCT模型视角下青少年未来取向对学业成就的作用研究［R］，心理学与创新能力提升——第十六届全国心理学学术会议论文集，2013.
[27] 张春兴．张氏心理学辞典［Z］．上海：上海辞书出版社，1992.
[28] 包蕾萍．生命历程理论的时间观探析［J］，社会学研究，2005（4）．
[29] 卜清平．时间—空间宰制视角下服刑人员的监狱适应性研究［J］．河北学刊，2019（3）．
[30] 陈飞．论刑释解教人员心理特征与行为偏差的纠正［J］．中国司法，2001（8）．
[31] 陈和华．论刑释解教人员的心理状态及帮教对策［J］．犯罪研究，2002（4）．
[32] 陈建，赵轶然，陈晨，时勘．社会排斥对生活满意度的影响研究：社会自我效能感与社会支持的作用［J］．管理评论，2018（9）．
[33] 柴俊勇．社会治安综合治理［J］．政法论丛，1992（3）．
[34] 陈立周．社会工作想象力与中国社会工作的转型［J］．思想战线，2014（3）．
[35] 陈玮璐．论我国出狱人社会保护制度［J］．法制与社会，2012（21）．
[36] 陈友华，祝西冰．中国社会工作实践中理论视角的选择——基于问题视角与优势视角的比较分析［J］．山东社会科学，2016（11）．
[37] 成婧．跨国务工青年的返乡文化适应研究——以吉林省延边州L市为例［J］．青年探索，2016（3）．
[38] 成志刚，杨平．论我国刑满释放人员社会保障制度的完善

[J]. 北京师范大学学报（社会科学版），2008（2）.

[39] 重庆市荣昌县司法局. 多种形式拓宽刑满释放人员安置渠道[J]. 人民调解，2014（7）.

[40] 崔凤，毛凤彦. 新形势下刑释解教人员安置工作面临的问题和对策[J]. 学习与探索，2005（5）.

[41] 崔永康，郑国贤. 犯罪标签：香港年轻男性刑释人员的受歧视感和自我污名[J]. 域外研讯，2016（5）.

[42] 但未丽. 社区矫正的"北京模式"与"上海模式"比较分析[J]. 中国人民公安大学学报（社会科学版），2011（4）.

[43] 但未丽. 当前中国社区矫正发展的困境及应对[J]. 中国人民公安大学学报（社会科学版），2015（5）.

[44] 但未丽. 社区矫正立法若干问题研究——以《社区矫正法（征求意见稿）》为分析对象[J]. 首都师范大学学报（社会科学版），2018（2）.

[45] 邓晓梅. 农村婚姻移民的社会适应及性别差异初探——来自吴江的实证研究[J]. 西北人口，2011（1）.

[46] 费梅苹. 青少年社区矫正对象的多元衍化及社工介入研究[J]. 中国青年政治学院学报，2009（6）.

[47] 费梅苹. 青少年犯罪情境研究——以上海22名青少年社区矫正对象为例[J]. 青少年犯罪问题，2010（3）.

[48] 冯卫国. 对完善我国出狱人保护制度的思考[J]. 政法论丛，2003（6）.

[49] 冯颖，蔡东宏. 国外刑满释放人员社会融入实践经验及启示[J]. 合作经济与科技，2014（5）.

[50] 付立华. 社会生态系统理论视角下的社区矫正与和谐社区建设[J]. 中国人口·资源与环境，2009（4）.

[51] 傅晓丽. 论我国刑释人员的人权保障[J]. 法制博览，2017（7）.

[52] 高梅书. 超越惩罚: 罪犯再社会化的障碍及消解路径研究综述 [J]. 科学经济社会, 2012 (4).

[53] 高梅书, 张昱. 国外出狱人社会适应研究及对当代中国的启示 [J]. 华东理工大学学报 (社会科学版), 2013 (1).

[54] 高仕银. 明确性原则视野下刑法前科报告制度之检讨与完善——兼评《刑法修正案 (八)》对刑法第一百条的修改 [J]. 烟台大学学报 (哲学社会科学版), 2011 (4).

[55] 郭星华, 任建通. 刑满释放人员社会适应的法社会学研究——主体间性的视角 [J]. 国家行政学院学报, 2014 (6).

[56] 郭英, 张梦柔. 服刑人员社会支持与社会适应的关系: 公正世界信念的中介作用 [J]. 中国特殊教育, 2016 (10).

[57] 何明升. 司法社会工作概念的缺位及其补足 [J]. 法学论坛, 2012 (2).

[58] 何君. 我国罪犯再社会化问题研究——以行刑社会化为视角 [J]. 研究生法学, 2006 (4).

[59] 洪佩, 费梅苹. 本土社会工作实践中社区服刑人员的身份建构机制 [J]. 中国青年研究, 2018 (4).

[60] 侯荣庭. 生态系统理论视野下的社区戒毒 [J], 山西师大学报 (社会科学版) 研究生论文专刊, 2011 (11).

[61] 胡高生. 未成年犯回归心态及其对策 [J]. 青少年犯罪问题, 1999 (2).

[62] 胡联合. 转型期中国犯罪治理的基本对策 [J]. 法学杂志, 2005 (5).

[63] 黄崇蓉. 母亲教养方式与大学生社会适应能力的关系: 情绪智力的中介作用 [J]. 晋中学院学报, 2017 (6).

[64] 季海娜. 外地来沪刑满释放人员的安置帮教方法 [J]. 人民调解, 2014 (11).

[65] 贾洛川. 试论社会管理创新视域下出狱人社会保护的创

新［J］．河北法学，2012（12）．

［66］江立华，袁校卫．生命历程理论的知识传统与话语体系［J］．科学社会主义，2014（3）．

［67］靳琳琳．刑满释放人员再犯罪问题成因分析及对策［J］．河南警察学院学报，2012（6）．

［68］孔一．重新犯罪社会原因检讨［J］．中国刑事法杂志，2002（5）．

［69］孔一，黄兴瑞．刑释人员再犯风险评估量表（RRAI）研究［J］．中国刑事法杂志，2011（10）．

［70］库少雄．社会工作理论的发展与应用［J］．山东社会科学，2006（4）．

［71］李彩娜，孙翠翠，等．初中生应对方式、压力对社会适应的影响：纵向中介模型［J］．心理发展与教育，2017（2）．

［72］李光勇．青年刑满释放人员社会融合测量与促进对策——基于上海市六个区的问卷调查［J］．中国青年研究，2014（9）．

［73］李莉娟．浅析优势视角下小组工作在罪犯心理矫治中的有益尝试——以青海省某监狱为例［J］．青海社会科学，2011（5）．

［74］李爽，陈晓．青少年劳教人员和中学生自我同一性与自尊、社会适应能力的关系［J］．中国健康心理学杂志，2013（7）．

［75］李有发．社会归属感的嬗变及其相关问题初探［J］．宁夏社会科学，2008（4）．

［76］连春亮．论对罪犯的再社会化［J］．许昌学院学报，2004（3）．

［77］雷萌．刑满释放人员再犯罪的社区防控［J］．中共山西省委党校学报，2017（3）．

［78］梁军荣．刑满释放前罪犯焦虑心理问题的分析［J］．社会心理科学，2007（Z2）．

[79] 孟洁. 社会工作优势视角理论内涵探究［J］. 华东理工大学学报（社会科学版），2019（1）.

[80] 乐章，肖荣荣. 刑满释放人员的社会保障权益维护研究［J］. 社会保障研究，2015（3）.

[81] 刘崇亮. 再犯罪风险评估与中国监禁刑改革的新路径［J］. 现代法学，2018（6）.

[82] 刘杰，孟会敏. 关于布郎芬布伦纳发展心理学生态系统理论［J］. 中国健康心理学杂志，2009（2）.

[83] 刘玲玲，王嘉. 略谈重新犯罪原因［J］. 前沿，2005（6）.

[84] 刘柳. 从福利支持视角论刑满释放者的社会融入［J］. 国家行政学院学报，2014（6）.

[85] 刘庆. "老漂族"的城市社会适应问题研究——社会工作介入的策略［J］. 西北人口，2012（4）.

[86] 刘世恩. 监狱服刑人员回归社会方式改革之探索［J］. 中国司法，2008（3）.

[87] 骆群. 非刑罚惩罚：犯过罪的人养老保险社会排斥探析［J］. 东北大学学报（社会科学版），2008（2）.

[88] 马志强. 中途之家的本土形态与本土逻辑——基于国家与社会关系的分析视角［J］. 人文杂志，2013（1）.

[89] 梅传强. 预防重新犯罪的对策研究［J］. 重庆大学学报，2000（3）.

[90] 莫瑞丽，金国华. 对社会标签在刑释人员回归社会中的功能分析［J］. 理论探索，2007（12）.

[91] 莫瑞丽，金国华. 对刑释人员遭受就业排斥的原因分析［J］. 理论界，2008（4）.

[92] 莫瑞丽，金国华. 对刑释人员回归社会中的社会排斥分析［J］. 南都学坛（人文社会科学学报），2008（5）.

[93] 莫瑞丽，袁泽民. 社会排斥视角下的刑释人员社会保障问

题研究［J］.求索，2010（10）.

［94］潘祥辉，陈建国.传播与囚犯：服刑人员的信息渠道与改造效果研究——基于浙江省乔司监狱的调查［J］.现代传播（中国传媒大学学报），2013（12）.

［95］潘一君.立体化、程式化、精密化全力确保安置帮教无缝衔接［J］.人民调解，2016（9）.

［96］彭奕洪.刑满释放人员就业歧视问题研究［J］.广西政法管理干部学院学报，2010（6）.

［97］任希全.新时期刑释人员的社会保护［J］.中国青年政治学院学报，2012（6）.

［98］申柳华.论出狱人的社会保护——前科消灭与出狱人的社会保护［J］.重庆工商大学学报（社会科学版），2003（6）.

［99］施余兵.论美国刑满释放人员就业安置中的雇主过失雇佣制度［J］.中国司法，2009（2）.

［100］宋莹."优势视角"理论在"寓教于审"工作中的应用——以残疾未成年犯为视角［J］.青少年犯罪问题，2008（3）.

［101］宋之帅，尚广海，冯兰.大学生就业压力与社会适应能力关系实证研究［J］.福州大学学报（哲学社会科学版），2014（5）.

［102］孙超群.中长刑期刑满释放人员再社会化进程中的就业问题研究［J］.城市社会，2016（6）.

［103］谭祖雪，夏延芳.论社区矫正的社会工作介入［J］.人民论坛，2012（36）.

［104］田鹏飞，陈玉兰.安置有方法 帮教显成效［J］.人民调解，2015（6）.

［105］童敏.从问题视角到问题解决视角——社会工作优势视角再审视［J］.厦门大学学报（哲学社会科学版），2013（6）.

[106] 王慧博，吴鹏森. 当代中国刑满释放人员的社会回归效应分析——基于公平理论的视角 [J]. 江西社会科学，2015 (9).

[107] 王少静，曾天德. 社会适应性研究述评 [J]. 广西青年干部学院学报，2012 (6).

[108] 王胜利，王继光. 刑释解教人员安置帮教工作的探讨 [J]. 政法论丛，2000 (2).

[109] 王思斌. 我国城市社区福利服务的弱可获得性及其发展 [J]. 吉林大学社会科学学报，2009 (1).

[110] 王思斌. 社会工作在构建共建共享社会治理格局中的作用 [J]. 国家行政学院学报，2016 (1).

[111] 王玮玮. "无缝衔接"精准帮扶刑满释放人员 [J]. 中国社会工作，2018 (15).

[112] 王志强. 刑罚威慑的预防犯罪效应探析 [J]. 中国人民公安大学学报，2004 (4).

[113] 吴东，邢冠群. 切实提高刑满释放人员再就业能力 [J]. 人民调解，2015 (9).

[114] 吴鹏森. 新中国刑释人员社会政策的历史演变 [J]. 学术月刊，2016 (7).

[115] 吴鹏森，石发勇. 社会资本和社会排斥：刑释人员回归社会的影响因素分析 [J]. 安徽师范大学学报（人文社会科学版），2014 (5).

[116] 吴小勇，黄希庭，毕重增，苟娜. 身份及其相关研究进展 [J]. 西南大学学报（社会科学版），2008 (3).

[117] 席逢遥. 安置帮教工作面临的挑战与展望 [J]. 犯罪与改造研究，2010 (12).

[118] 肖立尧. 社会认同二维模式视域下刑满释放人员出狱前后的适应研究 [J]. 法制与社会，2017 (22).

[119] 辛丽平. 贵州民族地区扶贫移民中的社会适应研究 [J]. 贵州民族研究, 2019 (3).

[120] 许传新. "落地未生根"——新生代农民工城市社会适应研究 [J]. 南方人口, 2007 (4).

[121] 徐永祥. 社会工作是现代社会管理与公共服务的重要手段 [J]. 河北学刊, 2007 (3).

[122] 闫顺利, 赵雅婧. 过程思维与本体论递嬗 [J]. 河北师范大学学报 (哲学社会科学版), 2009 (4).

[123] 杨彩云. 流动性体验与差序化认同: 基于社区服刑人员的实证研究 [J]. 社会科学, 2018 (5).

[124] 杨静. 从心理角度浅析刑满释放人员重新犯罪的成因及预防对策 [J]. 科学时代, 2008 (3).

[125] 杨政. 城市化过程中农民工的城市知觉和社会适应 [J]. 长白学刊, 2005 (3).

[126] 叶寅. 社会适应能力视角下提升大学生就业能力的实证研究——以上海市为例 [J]. 统计与管理, 2016 (12).

[127] 应培礼. 论刑满释放人员回归社会的制度排斥 [J]. 法学, 2014 (5).

[128] 于瑞德. 刑释解教人员安置帮教工作必要性探讨 [J]. 法制与社会, 2016 (11).

[129] 袁泽民, 莫瑞丽. 社会排斥视角下的刑释人员回归社会的特点探讨 [J]. 理论界, 2013 (1).

[130] 曾赟. 服刑人员刑满释放前重新犯罪风险预测研究 [J]. 法学评论, 2011 (6).

[131] 翟中东. 当代国际行刑领域正在发生的变革 [J]. 河北法学, 2012 (10).

[132] 张必春, 邵占鹏. "共同感受"与"同情感": 失去独生子女父母社会适应的机理分析——基于双向意向性中意动与

认知的理论视域［J］．社会主义研究，2013（2）．

［133］张丽芬，朱颖，张才安．社会工作介入刑满释放人员社会融入问题研究［J］．社会工作，2012（1）．

［134］赵丽丽．城市女性婚姻移民的社会适应研究——以上海市"外来媳妇"为例［J］．江西师范大学学报（哲学社会科学版），2008（2）．

［135］赵罗英．社会工作理论与实务的"优势视角"模式［J］．国际关系学院学报，2010（2）．

［136］郑祥专．积极心理学理念下大学生社会适应力提升策略探新［J］．湖南师范大学教育科学学报，2009（5）．

［137］钟涨宝，李飞，余建佐．城市化进程中失地农民城市适应的社会学探析：基于帕森斯社会行动理论的视角［J］．农村经济，2009（2）．

［138］周琦，顾珊珊．生命历程理论视野下的青少年犯罪问题［J］．青少年犯罪研究，2005（3）．

［139］周炎炎，杨世箐．灾后移民社会适应状况评价——基于北川等地的调查［J］．西北农林科技大学学报（社会科学版），2016（6）．

［140］周勇．监狱管理矫正工作科学化的概念内涵与实现路径［J］．中国司法，2016（10）．

［141］朱东武．社会工作系统理论及其运用［J］．华东理工大学学报（社会科学版），2001（1）．

［142］朱巧英．大学生社会适应能力与就业压力关系探析［J］．社会工作（学术版），2011（7）．

［143］卓彩琴．生态系统理论在社会工作领域的发展脉络及展望［J］．江海学刊，2013（3）．

［144］Bronfenbrenner U. The Ecology of Human Development：Experiment by Nature and Design［M］．Cambridge，Mass：

Harvard University Press, 1979.

[145] Rapp C A. The Strengths Model: Case Management with People Suffering from Severe and Persistent Mental Illness [M]. New York: Oxford University Press, 1998.

[146] Austin J, Hardyman P L. The Risks and Needs of the Returning Prisoner Population [J]. Review of Policy Research, 2004 (1).

[147] Chiu S. The Relationship between Life Stress and Smartphone Addiction on Taiwanese University Student: A Mediation Model of Learning Self-efficacy and Social Self-efficacy [J]. Computers in Human Behavior, 2014 (4).

[148] Visher C A, Jeremy T. Transitions from Prison to Community: Understanding Individual Pathways [J]. Annual Review of Sociology, 2003 (29).

[149] Binswanger I A, Nowels C, Corsi K F, et al. From the Prison Door Rrigt to the Sidewalk, Everything Went Downhill—A Qualitative Study of the Health Experiences of Recently Released Inmates [J]. International Journal of law and Psychiatry, 2011 (34).

[150] Austin J, Patricia L, Hardyman. The Risks and Needs of the Returning Prisoner Population [J]. Review of Policy Research, 2004 (21).

[151] Petersilia J. What Works in Prisoner Reentry: Reviewing and Questioning the Evidence [J]. Federal Probation, 2004 (9).

[152] Abrams L S Abrams, Susan M. Snyder. Youth Offender Reentry: Models for Intervention and Direetions for

Future Inquiry [J]. Children and Youth Services Review, 2010 (32).
[153] Naser R L, Vigne N G L. Family Support in the Prisoner Reentry Process [J]. Journal of Offender Rehabilitation, 2006 (1).
[154] Rebecca L. Naser, Nancy G. La Vigne. Family Support Prisoner Reentry Process: Expectations and Realities [J]. Journal of Offender Rehabilitation, 2006 (10).
[155] Smith H M, Betz N E. Development and Validation of a Scale of Perceived Social Self-efficacy [J]. Journal of Career Assessment, 2000 (3).
[156] Visher C A, Travis J. Transitions from Prison to Community: Understanding Individual Pathways [J]. Annual Review of Sociology, 2003 (29).
[157] Ward C, Kennedy A. Where's the "Culture" in Cross-cultural Transition? Comparative Studies of Sojourner Adjustment [J]. Journal of Cross-cultural Psychology, 1993 (24).

后 记

本成果受西南石油大学人文社会科学科研专项基金杰出人才项目"社会工作介入未成年犯的危险性评估及矫治路径研究"（2015RW043）资助。

本研究要追溯到2013年，当时我承担了中国社会工作协会"2013—2014社会工作实务研究课题"——"社会工作介入刑释解教人员社会融入问题的途径及方法研究"。随后，为了更进一步探索这一领域，在2015年我又申报了西南石油大学人文社会科学科研专项基金杰出人才项目"社会工作介入未成年犯的危险性评估及矫治路径研究"。到目前为止，8年有余，研究有了一定成果，本著作就是对自己和团队近年来研究成果的整理。

参与本书的主要研究人员是：谭祖雪、张江龙、章晓、胡亚琴。其中，谭祖雪负责制定本书的写作大纲、统稿和全面组织协调工作，张江龙参与了组织协调和统稿工作。本书的具体完成人如下：第一章胡亚琴，第二、四、七章张江龙，第三章章晓，第五、六章谭祖雪。

从组稿到成书，我要感谢的对象太多太多。感谢中国社会工作协会给予我课题支持，让我能够接触到刑满释放人员这一人群；感谢西南石油大学科研处，给予我继续开展这一议题研究的动力和激情；感谢四川省成都市相关区县司法局的领导，他们对本研究的开展提供了重要的支持；特别要感谢的是刑满释放人员及其家属，他们提供了鲜活的素材和第一手资料，可以说他们才是本书的"主人翁"。

感谢西南石油大学法学院的支持，感谢学院与成都相关区县搭建的社区矫正平台及形成的战略合作协议，为本研究的顺利开展提供了重要的条件。感谢社会工作教研室的所有同事们，有了他们的支持和帮助我才有更多的时间和精力去开展这些研究。

尤其要感谢项目的研究团队，他们分别是夏延芳老师、张江龙老师、章晓老师、胡亚琴老师，他们持续不断的努力和坚持不懈的精神让我动容，没有他们这项研究是无法完成的，可以说这本书是集体研究的成果。同时我要感谢参与项目研究和文稿修订的硕士研究生们，他们分别是于惠洋、汪茂莹、廖一如、张伟、吴金斌、林爽、李汤虹、廖丽娜、杜婉莹、肖丹、刘丽娟、黄晶、罗国轩。

感谢诸多的研究者，你们的研究为本书提供了借鉴和参考，在此一并谢过！

还要感谢四川大学出版社的编辑们，感谢你们的耐心和细心，有你们的付出本书才得以最后出版。最后，我要感谢我自己，感谢自己能够在百忙的工作中，持续地关注这一人群，感谢自己近几年来的辛苦付出。

最后，再次感谢西南石油大学人文社会科学研究专项基金的资助。

本书可作为高等院校社会工作，法学等本、专科专业和研究生的教学参考书，也可供相关工作人员参考。

谭祖雪
2020 年 5 月于西南石油大学